LÍBRANOS DEL MAL

CÓMO JESÚS
ECHA FUERA DEMONIOS HOY

KENT PHILPOTT

Earthen Vessel Media

LÍBRANOS DEL MAL:
CÓMO JESÚS ECHA FUERA DEMONIOS HOY

Primero Publicado en 2014 por Earthen Vessel Publishing
San Rafael, CA 94903
www.earthenvesselmedia.com

ISBN: 978-1-946794-12-3
Library of Congress Control Number: 2021939081

Publicado por primera vez en 2009 por Earthen Vessel Publishing como
    Cómo los cristianos echan fuera demonios hoy
    (ISBN 978-0-9703296-3-9)

Diseño de portada y libro por Katie L. C. Philpott

CONTENIDO

Jesús dijo, Cuando oréis, decid:

Padre nuestro, que estas en los cielos,
santificado sea su nombre.
Venga tu reino,
hágase tu voluntad,
como en el cielo, así también en la tierra.
El pan nuestro de cada día, dánoslo hoy,
y perdónanos nuestras deudas,
como también nosotros perdonamos a
nuestros deudores.
Y no nos metas en tentación,
mas líbranos del mal.

PREFACIO

E n el momento de mi conversión a Cristo en 1963, era estudiante de tercer año en la universidad. Mi especialidad era la psicología, y después de haber abrazado lo que me habían enseñado mis profesores, tuve problemas con ciertos segmentos de la cosmovisión cristiana, especialmente con respecto a Satanás y demonios. No estaba seguro de que la persona de Satanás como se describe en la Biblia era algo en lo que incluso creía. Las ideas de los demonios y la posesión de demonios eran aún más problemáticas, y pensé que eran descripciones antiguas e inexactas de varias formas de enfermedad mental. Esa visión dominó mi pensamiento hasta que comencé a vivir y ministrar en San Francisco durante el Movimiento del pueblo de Jesús (1967-75). Durante ese período, me enfrenté a una corriente de personas que se presentaron de tal manera que tuve que concluir que tenían demonios que realmente los moraban. Como resultado, mis puntos de vista cambiaron de repente y se alinearon más estrechamente con los de los escritores evangélicos. Es una larga historia, y en lo que espero ser un libro corto y simple sobre echar demonios, he decidido dar cuenta de sólo unos pocos incidentes que creo que ayudarán a hacer puntos esenciales más concretos.

Durante diez años, de 1970 a 1980, además de dirigir un ministerio paraeclesiástico y pastorear una iglesia, operé el Centro de Consejería Cristiana de Marín en San Rafael, California. Debido a que estaba sin licencia, no cobre ninguna tarifa, pero vi mi trabajo como un servicio a la comunidad. En el proceso, regularmente conducía lo que llegaba a llamarse un "ministerio de liberación". En 1973, escribí un libro titulado A Manual of Demonology and the Occult [un manual de demonología y lo oculto], originalmente par a ser una tesis para un título de maestría de teología y publicado por Zondervan Publishing House (todavía disponible en Amazon.com). La publicación de este libro me trajo una avalancha de ministerio que nunca anticipé y me desagradó: muchos cientos de personas que venían a mi oficina y a mi casa, que querían la liberación de los demonios. Rápidamente se volvió abrumador y llevó a la publicación de The Deliverance Book [libro de liberación] escrito junto con R.L. Hymers, publicado por Bible Voice en 1977. El objetivo era enseñar a otros, pastores y cristianos en las bancas, cómo hacer el trabajo de echar demonios, para que no aparecieran en mi puerta. Más que egocéntrico, estaba autoprotegiendo, un intento de volver a una vida normal.

Aunque exponga una breve teología de los demoníacos, no habrá ningún intento de probar la existencia de Satanás y los demonios. Esto generalmente se revela por sí mismo. Es cierto que es tan de otro mundo que a veces me he preguntado si todo ese contacto con el mundo demoníaco realmente tuvo lugar. Durante ese período, era rutinario echar demonios, enfrentándome directamente a demonios, aunque no visiblemente separados de las personas que estaban en la morada.

En los años transcurridos desde la gran efusión del Espíritu Santo que sostuvo el Movimiento del pueblo de Jesús, durante lo que se llama tiempos normales en lugar de tiempos de despertar, hay cierta necesidad de echar demonios, pero en menor medida. Nada que experimente ahora es algo parecido a lo que pasó de 1967 a 1975. La diferencia entre los tiempos normales y los tiempos de despertar parece ser bastante significativa. De 1967 a 1975, aunque no era consciente de esto y no apreciaba ni entendía lo que estaba experimentando, hubo, en mi opinión, una efusión del Espíritu Santo junto a la cual había una efusión falsa y demoníaca de espíritu inmundo. Más allá de afirmar esto, no puedo explicarlo. Ese tiempo fue un período de despertar, pero de esa época a esta, en la región geográfica donde vivo y ministro, es tiempo normal. Sí, algunos se convierten, y hay ocasiones en que los demonios son echados, pero en un grado mucho menor que en tiempos de despertar.

Recientemente, parece haber un aumento en la necesidad de ministrar a aquellos que reconocen que tienen demonios y quieren confiar en la persona y la obra de Jesucristo para estar libres de control e influencia demoníaca. Francamente, nunca quise volver a esta obra que consume mucho tiempo y que es agotador. En un momento en que he logrado cierta semblanza de respetabilidad en mi comunidad, es menos que una perspectiva tentador para expresar la creencia en el diablo y todo lo que se asocia comúnmente con episodios históricos como los juicios de brujería de Salem. Es algo intimidante vivir en una cultura materialista, racionalmente orientada y estar hablando de echar demonios. Sin embargo, la realidad y la comisión de servir a nuestro Señor Cristo deben vencer a las cosmovisiones contemporáneas y a las aprehensiones personales.

Así que ha llegado una vez más en mi vida, participar en este asunto arriesgado y una vez más encontrar necesario producir un pequeño manual sobre cómo echar demonios. La preocupación del riesgo, sin embargo, está bien equilibrada por la motivación del conocimiento de que Satanás ha engañado a demasiadas personas y que los cristianos necesitan y pueden llevar este antiguo servicio a aquellos que están dispuestos a venir a Jesús y su toque de liberación. Otra declaración más, soy un defensor de la tradición reformada, que para mí está más estrechamente representada por los canónigos de Dordt. (Busca por Google Canónigos de Dordt y usted encontrará la posición de los teólogos reformados holandeses sobre la teología de Jacobo Arminio.) También soy pastor de Miller Avenue Baptist Church en Mill Valley, California, dualmente alineado con Bautistas sureños y americanos. Puede surgir la pregunta de si soy un cesacionista, alguien que sostiene que los dones carismáticos del Espíritu Santo, especialmente los llamados dones de poder como hablar en lenguas y la predicción profética del futuro, cesaron con la publicación del Nuevo Testamento. O una pregunta similar podría ser, ¿soy un continuacionista — alguien que cree que los dones carismáticos continúan en el presente? "Semi-cesacionista" o "semi-continuacionista", probablemente ambos o cualquier, describen mis puntos de vista. En tiempos normales, cuando no hay una pronunciada efusión del Espíritu Santo en el despertar o el renacimiento, creo que los dones carismáticos no son tan evidentes como cuando hay un tiempo de despertar y avivamiento. Al fin y al cabo, no implica ninguno de los dones carismáticos mencionados por Pablo en Romanos 12 o I Corintios 12, con la posible excepción de los dones de fe y discernimiento.

La obra en cuestión no está dictada por la alineación con un campo teológico en particular. Cuando era teológicamente arminiana, me comprometí en la obra de echar demonios, y aunque ahora reformado teológicamente, me involucro en la obra de echar demonios.

Las citas bíblicas a lo largo de este libro están tomadas de la Reina Valera, publicada en 1960. No hay una traducción perfecta, y he utilizado muchos a lo largo de los años, pero el ESV [English Standard Version] es mi favorito actual.

"PARA ESTO APARECIÓ EL HIJO DE DIOS,
PARA DESHACER LAS OBRAS DEL DIABLO."
(1 JUAN 3:8B)

CAPÍTULO 1

JESÚS ECHA FUERA DEMONIOS

C on el advenimiento del ministerio de Jesús, el reino de Dios había llegado en persona, y el reinado sin control y sin restricciones de Satanás había terminado. El triunfo de la pasión de Jesús, desde la crucifixión hasta la resurrección y la ascensión, significó que Satanás, aunque todavía está presente en el mundo, fue destruido de una manera que no entendemos completamente. Es a causa de esa victoria sobre el pecado y Satanás que Jesús extiende su autoridad a la Iglesia incluso para echar fuera demonios de la gente. El reino de Dios había venido en la misma persona y presencia de Jesús. La prueba de esto se demostró en su echamiento de demonios, por la cual tradicionalmente se piensa que Jesús hizo temblar el reino demoníaco.

CONSIDERACIONES PRELIMINARIAS

En los Evangelios sinópticos —Mateo, Marcos y Lucas— hay seis casos en los que Jesús se encontró con personas demonizadas. Hay otros pasajes—Mateo 4:24, 8:16; Marcos 1:32–34, 1:39, 3:11, 6:13; y Lucas 4:41, 6:18, 7:2, que simplemente afirman que Jesús echó demonios como parte de su ministerio. Marcos 1:34 es representativo de estos pasajes: "Y sanó a muchos que estaban enfermos de diversas enfermedades, y echó fuera muchos demonios; y no dejaba hablar a los demonios, porque le conocían".

A menudo se ha dicho que un tercio del ministerio de Jesús implicaba el echamiento de demonios, siendo los otros dos tercios sanar y predicar/enseñar. Ya sea que se trate de una descripción exacta del ministerio de Jesús o no, se nos recuerda que Jesús echó demonios, y encargó a sus seguidores que hicieran lo mismo. (Esta comisión se examinará en un capítulo posterior.)

Ten en cuenta que la curación y el echamiento de demonios no son lo mismo. Las enfermedades no serán echadas. La enfermedad física o incluso la enfermedad mental requiere curación, no el echamiento de demonios. Mientras que una persona que sufre de enfermedad física o mental también puede ser demonizada, hay una diferencia fundamental entre los dos, aunque esa diferencia es sutil. Ni siquiera una amplia y larga participación en el ministerio de liberación me ha traído toda claridad sobre dónde se va uno y comienza el otro. Todavía parece un misterio y, además, no es necesario entender los matices para participar en el trabajo de echar demonios.

También tenga en cuenta que la palabra "demonizado" es el término preferido. No es una terminología bíblica apropiada describir a alguien como "poseído por demonios". Jesús se encontró con personas que tenían espíritus o demonios inmundos, como veremos, pero la posesión no es la mejor palabra para describir a estas personas. En cualquier grado o medida en que el espíritu o demonio inmundo operaba en una persona, el control total no es lo que los escritores sinópticos entendieron. Una vez más, hay misterio aquí, sin embargo, no es necesario entender cómo un demonio opera en una persona para echar a ese demonio.

Jesús expulsó o echó demonios. La palabra ekballo en el griego del Nuevo Testamento significa "tirar afuera" y es la palabra comúnmente utilizada para describir el echamiento por Jesús de los demonios. Incluso obtenemos nuestro término "bola" [pelota] como en el béisbol, de esta palabra. El prefijo ek significa "fuera" y "tirar" es lo que Jesús hizo. Y, como veremos, Jesús no usó fórmulas, reliquias, rituales, ceremonias u objetos de ningún tipo que pudieran estar asociados con la práctica del exorcismo. Más bien, en la confrontación directa con espíritus inmundos que moraban de los demonizados, Jesús ordenó o mandó a los demonios que se fueran.

1. EL HOMBRE CON UN ESPÍRITU INMUNDO EN UNA SINAGOGA EN CAPERNAUM

Este acontecimiento se encuentra en Marcos 1:21–27 y Lucas 4:31–37:

> Y entraron en Capernaum; y los días de reposo, entrando en la sinagoga, enseñaba. Y se admiraban de su doctrina; porque les enseñaba como quien tiene autoridad, y no como los escribas. Pero había en la sinagoga de ellos un hombre con espíritu inmundo, que dio voces, diciendo: "¡Ah! ¿qué tienes con nosotros, Jesús nazareno? ¿Has venido para destruirnos? Sé quién eres, el Santo de Dios. Pero Jesús le reprendió, diciendo: ¡Cállate, y sal de él! Y el espíritu inmundo, sacudiéndole con violencia, y clamando a gran voz, salió de él. Y todos se asombraron, de tal manera que discutían entre sí, diciendo: ¿Qué es esto? ¿Qué nueva doctrina es ésta, que con autoridad manda aun a los espíritus inmundos, y le obedecen?" (Marcos 1:21–27).

ANÁLISIS
El hombre tenía un espíritu impuro o profano, pero era un espíritu, una entidad separada y distinta de la mente, la volun-

tad y la persona del hombre. Jesús no buscó al hombre con el espíritu inmundo; de hecho, Jesús nunca buscó a la gente con demonios, sino que vinieron o fueron traídos a Él. Se desconoce si el hombre era un habitual en la sinagoga. Se desconoce cuánto tiempo estuvo Jesús en la sinagoga antes de que ocurriera el brote, aunque se podría argumentar que Jesús había estado enseñando durante algún tiempo y que el servicio del día de reposo había concluido antes de que comenzara la interrupción.

Los espíritus inmundos comenzaron una especie de conversación con Jesús. Los espíritus inmundos reconocieron a Jesús en cuanto a su ser y esencia — el Santo de Dios — y debido a su inmundicia fueron amenazados por su presencia. Lo que es profano reaccionó en contra lo que era santo. Los espíritus inmundos sabían quién era Jesús, aunque otros no lo sabían; los demonios sabían que tenía el poder de destruirlos. Es como si hubieran anticipado la aparición de Jesucristo. Reconocieron su autoridad incluso aquí, antes de que su obra fuera completa, antes de la resurrección y la glorificación del Señor de los señores y Rey de reyes. Gritaron, dando la impresión del caos, pero Jesús les mandó guardar silencio y les mandó que salieran del hombre demonizado. Un demonio actuó como representante del grupo, pero la gramática indica que había más de un espíritu inmundo. La salida de los demonios no fue inmediata; los espíritus inmundos convulsionaron al hombre —Lucas dice "derribándole"— luego salieron, gritando en voz alta.

Otros asistentes al culto a la sinagoga se sorprendieron de lo que habían visto; esto era completamente nuevo para ellos. La autoridad sobre los demonios era sorprendente para ellos, por decir lo menos.

COMENTARIO

Varios puntos de la historia del Evangelio son característicos de mi propia experiencia. En primer lugar, las personas con espíritus inmundos estarán presentes en reuniones dedicadas a la enseñanza de la Escritura y a la adoración de Dios, pero están preocupadas por la presencia de Jesús. Recuerden que tenemos la promesa de que cuando dos o más están reunidos a causa de Jesús, entonces también está presente (véase Mateo 18:20).

En segundo lugar, la confrontación verbal real con demonios podría tomar lugar, aunque sugiero que los cristianos eviten esa conversación. Si los cristianos confían en lo que dicen los demonios, pueden ser engañados o distraídos. Algunos han llegado a suponer que están aprendiendo la verdad doctrinal de los demonios, pero los demonios son mentirosos y nunca se puede confiar ni creer; por lo tanto, la conversación debe evitarse. Jesús les dijo que guardaran silencio, y esto es lo que generalmente practico también. Los demonios no siempre obedecerán rápidamente como lo hicieron en nuestra historia en Marcos.

Tercero, los demonios están desesperados y luchan tenazmente por permanecer en una persona. Nada está fuera de los límites para un espíritu inmundo; no luchan de manera justa. La convulsión es típica, junto con otros tipos de disturbios, y todos están destinados a cortocircuitar el ministerio. Los demonios pueden ser aterradores hasta cierto punto, especialmente al principio, y su intención es desestabilizar a aquellos que los echarían.

Ver demonios echados o que echen demonios no necesariamente conduce a la fe en Jesús. No hay nada en la historia acerca de que la persona se convierta en discípulo de Jesús. De hecho, el acontecimiento puede haberse reducido, o interferido, con el impulso del ministerio de Jesús, el de enseñar a los que Él había llamado a sí mismo. El ministerio de liberación es dramático, y la gente se agita y se emociona, pero esto no siempre es algo bueno. No hubo júbilo ni publicación del relato del acontecimiento en la sinagoga por Jesús ni, suponemos, por los apóstoles. Los demonios hablaron con Jesús a través del hombre, usando la voz de ese hombre. ¿Estarían los demonios hablando también con el hombre? En el último capítulo hablaré de esto con más detalle, pero es probable que el demonio llevó a cabo conversaciones con el individuo. He encontrado que esto es así una y otra vez. Y el tema no es de alucinaciones, que pueden acompañar a un evento perturbador o ser parte de un episodio psicótico. Tener una alucinación y escuchar voces no son, en mi opinión, lo mismo. Un punto interesante aquí, que se basa en docenas de sesiones de ministerio de liberación y es mi propia observación: una vez que el demonio es echado, ya no hay una conversación en el interior de la persona antes demonizada. Es poco probable que las comunidades psicológicas y psiquiátricas estén de acuerdo conmigo en esto, pero presentaría la posibilidad de invertir en una investigación.

2. EL ENDEMONIADO CIEGO Y MUDO

Este acontecimiento se encuentra en Mateo 12:22–29, Marcos 3:22–27 y Lucas 11:14–22:

> Entonces fue traído a él un endemoniado, ciego y mudo; y le sanó, de tal manera que el ciego y mudo veía y hablaba. Y toda la gente estaba atónita, y decía: "¿Será éste aquel Hijo de David? Mas los fariseos, al oírlo, decían: Éste no echa fuera los demonios sino por Belcebú, príncipe de los demonios. Sabiendo Jesús los pensamientos de ellos, les dijo: Todo reino dividido contra sí mismo, es asolado, y toda ciudad o casa dividida contra sí misma, no permanecerá. Y si Satanás echa fuera a Satanás, contra sí mismo está dividido; ¿cómo, pues, permanecerá su reino? Y si yo echo fuera los demo-

nios por Belcebú, ¿por quién los echan vuestros hijos? Por tanto, ellos serán vuestros jueces. Pero si yo por el Espíritu de Dios echo fuera los demonios, ciertamente ha llegado a vosotros el reino de Dios. Porque ¿cómo puede alguno entrar en la casa del hombre fuerte, y saquear sus bienes, si primero no le ata? Y entonces podrá saquear su casa" (Mateo 12:22-29).

ANÁLISIS

Mateo dice que Jesús sanó a un hombre endemoniado y oprimido por demonios que era ciego y mudo. Algunas traducciones dicen "poseído por demonios", pero la mejor representación podría ser "demonizada", lo que significaría que las discapacidades físicas fueron causadas por demonios de alguna manera inexplicable. Aparentemente, Jesús expulsó a un demonio, si aceptamos la evaluación de los fariseos (véase el versículo 24). Por lo tanto, tenemos una doble descripción: un hombre sanado a través del echamiento de uno o más demonios. Sanado puede significar sanado entero independientemente de la causa, que podría ser enfermedad como normalmente se entiende o la influencia debilitante de un espíritu demoníaco. Los oponentes de Jesús no cuestionaron si Jesús expulsó a un demonio, pero recurrieron a la idea de que era el resultado de la colusión con el príncipe de los demonios, Belcebú. Jesús afirmó que de hecho expulsó demonios. El versículo 28 tiene una cláusula condicional de primera clase (lo que significa que se supone que la declaración es verdadera), con Jesús diciendo entonces que ciertamente echó demonios por medio del Espíritu de Dios (Lucas 11:20 tiene "dedo de Dios"). Por lo tanto, esta actividad fue la prueba de que el reino de Dios estaba presente allí mismo. La implicación fue que Jesús era el Mesías y el Rey del Reino. Jesús demostró que tenía poder y autoridad sobre el hombre fuerte, Satanás, y acababa de saquear su casa echando fuera a un demonio.

Marcos sólo tiene una parte de la historia, centrándose en la acusación de que Jesús echa demonios por el poder de Belcebú y no menciona un evento de echar demonios. En el relato de Lucas de la misma historia, no hay mención de la curación, sino sólo que estaba "echando fuera un demonio, que era mudo" (Lucas 11:14), y no menciona la ceguera. El versículo 27 indica que las personas, probablemente no literalmente "hijos", sino los estudiantes o personas asociadas con los fariseos, se dedicaron a echar demonios. En Hechos 19:13–16 está la declaración de que "siete hijos de un tal Esceva, judío, jefe de los sacerdotes, que hacían esto" (véase vers. 14). Conocer el nombre del convenio de Dios, un nombre dado por Dios a Moisés en el incidente de la zarza ardiente de éxodo 3 (conocimiento que podría haber sido transmitido a la familia del sumo sacerdote), tal vez se pensó que le diera a quien usó ese nombre cierto poder sobre los demonios. En el mundo greco romano en general, que estaba plagado de ocultismo, el exorcismo o las versiones ocultas de echar demonios eran comunes. Era un negocio con fines de lucro, y era muy diferente de lo que Jesús estaba haciendo. Aquí, sin embargo, Jesús obligó a sus oponentes a repensar la acusación en su contra.

COMENTARIO

En varias ocasiones fui testigo de que la demonización resultó en incapacidad física, y que después de que un demonio o demonios fueron echados, la incapacidad desapareció también. Recuerdo más de un caso en que algo que parecía un episodio catatónico terminó con demonios siendo echados. Aparentemente, un demonio había traumatizado tanto a la persona que se congeló y se retiró lo más lejos posible del mundo real. Los demonios son extraordinariamente provocadores del miedo para aquellos que no saben cuán débiles e insensatos son realmente estos seres espirituales inmundos. Tiene sentido para mí que la ceguera y el silencio, sin una causa orgánica, puedan estar presentes en las personas endemoniadas. Sin embargo, hay que tener cuidado aquí. Es imprudente pensar que muchos o la mayoría de los trastornos físicos tienen su raíz en el demoníaco. Mi investigación y experiencia sugiere lo contrario. El ministro cristiano debe tener cuidado de no sugerir más de lo que es claro y verificable.

3. LOS ENDEMONIADOS GADARENOS

Este acontecimiento se encuentra en Mateo 8:28–34, Marcos 5:1–20 y Lucas 8:26–39:

> Cuando llegó a la otra orilla, a la tierra de los gadarenos, vinieron a su encuentro dos endemoniados que salían de los sepulcros, feroces en gran manera, tanto que nadie podía pasar por aquel camino. Y clamaron diciendo: "¿Qué tienes con nosotros, Jesús, Hijo de Dios? ¿Has venido acá para atormentarnos antes de tiempo?" Estaba paciendo lejos de ellos un hato de muchos cerdos. Y los demonios le rogaron diciendo: "Si nos echas fuera, permítenos ir a aquel hato de cerdos." Él les dijo: "Id." Y ellos salieron, y se fueron a aquel hato de cerdos; y he aquí, todo el hato de cerdos se precipitó en el mar por un despeñadero, y perecieron en las aguas. Y los que los apacentaban huyeron, y viniendo a la ciudad, contaron todas las cosas, y lo que había pasado con los endemoniados. Y toda la ciudad salió al encuentro de Jesús; y cuando le vieron, le rogaron que se fuera de sus contornos" (Mateo 8:28–34).

EL ANÁLISIS

Hay que hacer dos puntos técnicos: uno, la ubicación (o el nombre de la ubicación) del evento difiere entre los escritores evangélicos. Mateo tiene el país de los gadarenos, Marcos y Lucas el país de los Gerasenes. Este es un problema interesante, no irresoluble, pero no germano de este tratado. Dos, Mateo tiene dos hombres demonizados, pero Marcos y Lucas sólo tienen uno. La reconciliación puede ser que hubo dos, como relata Mateo, pero sólo uno que habló, o que sólo uno se convirtió en discípulo de Jesús. Marcos y Lucas afirman que un solo hombre se acercó a Jesús y al menos se inclinó ante Él, aunque en realidad no lo adoraba. Tanto en Marcos como en Lucas, el hombre, ahora en su sano juicio y libre de los demonios, quería convertirse en seguidor o discípulo de Jesús y viajar con Él. En cualquier caso, el número de los hombres puede haber sido irrelevante para los propósitos de Marcos y Lucas en su relato de la historia.

Como en el evento anterior, los hombres son descritos como endemoniados u oprimidos por demonios o influenciados. Eran feroces y extraordinariamente fuertes, según Marcos 5:4, y vivían en las tumbas aparte de otras personas.

Los demonios que habitaban a los hombres conversaron con Jesús. Marcos relata que Jesús realmente pidió el nombre del demonio, quien le dijo que el nombre era Legión, tal vez significando que había muchos demonios en el hombre (Marcos 5:9). Los demonios, como en la historia del hombre con un espíritu inmundo en la sinagoga (Marcos 1:21–28), también reconocieron quién era Jesús y sabían que tenían razones para temerle, porque Jesús realmente podía echarlos de los hombres. Los demonios incluso le suplicaron a Jesús que los enviara a los cerdos. El "si" en Mateo 8:31 está en la condición de primera clase, lo que significa que los demonios sabían que Jesús podía y los echaría. Ninguno de los escritores evangélicos nos da ninguna explicación para esta petición, ni se da ninguna de las peticiones que Jesús conceda.

COMENTARIO

Conversar con demonios es algo que era propenso a hacer al

principio de mis encuentros con los demonizados. Pensé que estaba aprendiendo muchas cosas. Y le pedí a los demonios sus nombres, especialmente cuando el trabajo era tedioso y agotador. La idea ha sido desde tiempos antiguos de que conocer el nombre de un demonio significa tener poder sobre el demonio. Tal no siempre fue el caso, y rara vez intento esto ahora. La conversación con los demonios debe evitarse, y a veces es difícil saber exactamente con quién está conversando. Los demonios intentarán casi cualquier cosa. He tenido demonios tratando de halagarme, acusarme, despedirme, ignorarme, e incluso decirme cosas sobre mí que nadie más sabía. Es mejor evitar conversar o creer espíritus impuros, porque los demonios son mentirosos y engañadores.

Los demonios no quieren ser echados de la carne. No entiendo esto, pero podría ser que ser echado de carne resultaría en ser enviado al infierno mismo. El infierno puede ser un reino espiritual y no en el tiempo o en el espacio en absoluto. Como adversario de Dios y su creación, Satanás quedaría excluido en el infierno de todo contacto con la creación de Dios.

Las personas demonizadas pueden ser increíblemente fuertes y feroces, lo cual he presenciado muchas veces. Sin embargo, a pesar de haber sido atacado por personas demonizadas, nunca he sido herido o incluso marcado, incluso después de haber sido golpeado en la cara por hombres grandes, poderosos y demonizados. No puedo explicar esto, pero los recuerdos vívidos aún persisten. Al principio de mi ministerio permitiría, en cierto sentido, las luchas. Pero luego llegué a verlo como un error y ya no participar en combates de lucha libre, quiero decir, combates literales de lucha libre. "¡Silencio!" o "¡Detente!" suele ser suficiente.

Jesús, el Santo de Dios, trae miedo a los demonios y también a cualquiera de nosotros, gente pecador, y así la gente local rogó a Jesús que se apartase de ellos. Los demonios tiemblan ante la persona (nombre) de Jesús, pero rara vez tiemblan a sus discípulos. Es por eso por lo que Jesús es el que echa a los demonios.

4. LA HIJA DE UNA MUJER CANANEA

Este acontecimiento se encuentra en Mateo 15:21–28 y Marcos 7:24–30:

Saliendo Jesús de allí, se fue a la región de Tiro y de Sidón. Y he aquí una mujer cananea que había salido de aquella región clamaba, diciéndole: "¡Señor, Hijo de David, ¡ten misericordia de mí! Mi hija es gravemente atormentada por un demonio." Pero Jesús no le respondió palabra. Entonces acercándose sus discípulos, le rogaron, diciendo: "Despídela, pues da voces tras nosotros." Él respondiendo, dijo: "No soy enviado sino a las ovejas perdidas de la casa de Israel." Entonces ella vino y se postró ante él, diciendo: "¡Señor, socórreme!" Respondiendo él, dijo: "No está bien tomar el pan de los hijos, y echarlo a los perrillos." Y ella dijo: "Sí, Señor; pero aun los perrillos comen de las migajas que caen de la mesa de sus amos." Entonces respondiendo Jesús, dijo: "Oh mujer, grande es tu fe; hágase contigo como quieres." Y su hija fue sanada desde aquella hora (Mateo 15:21–28).

ANÁLISIS

La historia no es de echar fuera los demonios; esa parte es totalmente secundaria. Se trata del ministerio de Jesús, aunque no era judío, una cananea y una mujer, residente del distrito de Tiro y Sidón (Sirofenicia). La madre de la víctima le dijo a Jesús que su hija estaba severamente oprimida por un demonio. No está claro que un demonio real estuviera involucrado, ya que sólo tenemos la opinión de la madre, y la gente de ese tiempo y cultura atribuyó mucho a los demonios. Jesús no corrobora directamente el análisis de la mujer de la situación, y no hay lenguaje que sugiera que hubo una expulsión de un demonio; más bien la hija se curó. La curación se llevó a cabo desde la distancia y sucedió de repente. La palabra griega aquí es *iathe*, un aoristo pasivo de *iaomai* y puede significar sanar, curar y restaurar.

COMENTARIO

No se deshonra la Escritura cuando se sugiera que la historia de la mujer cananea no se trata de echar a un demonio. Sólo la declaración de la mujer indica cualquier implicación del demonio. Jesús no la contradice, haciendo posible que Jesús asintió al diagnóstico. Pero no podemos estar seguros.

Mi interés aquí es exponer la diferencia esencial entre la sanación física y el echamiento de demonios. Por lo que entiendo las Escrituras, y hasta donde entiendo mis propias experiencias, la enfermedad física se cura, pero los demonios son echados. Tiendo a ser escéptico acerca de milagros reportados, pero he sido testigo de curaciones, he sido sanado a mí mismo, y, a través de mi propia actividad de acuerdo con pasajes bíblicos como Santiago 5:14-15, he visto a personas sanadas justo delante de mí. Mi estudio universitario era psicología, y soy consciente de la naturaleza de la enfermedad psicosomática y otros fenómenos relacionados. La curación de enfermedades reales y orgánicas es algo distinto de echar fuera de los demonios. Los dos no deben confundirse.

Hay otras condiciones que no son "echadas". He leído informes de echar demonios de adicción y homosexualidad, ya sea que no estén seguros, pero las adicciones y la atracción del mismo sexo no terminan a través de un ministerio de liberación o cualquier otra solución rápida.

5. EL MUCHACHO EPILÉPTICO

Este acontecimiento se encuentra en Mateo 17:14–21, Marcos 9:14–29 y Lucas 9:37–43:

> Cuando llegaron al gentío, vino a él un hombre que se arrodilló delante de él, diciendo: "Señor, ten misericordia de mi hijo, que es lunático, y padece muchísimo; porque muchas veces cae en el fuego, y muchas en el agua. Y lo he traído a tus discípulos, pero no le han podido sanar." Respondiendo Jesús, dijo: "¡Oh generación incrédula y perversa! ¿Hasta cuándo he de estar con vosotros? ¿Hasta cuándo os he de soportar? Traédmelo acá." Y reprendió Jesús al demonio, el cual salió del muchacho, y éste quedó sano desde aquella hora. Viniendo entonces los discípulos a Jesús, aparte, dijeron: "¿Por qué nosotros no pudimos echarlo fuera?" Jesús les dijo: "Por vuestra poca fe; porque de cierto os digo, que, si tuviereis fe como un grano de mostaza, diréis a este monte: 'Pásate de aquí allá,' y se pasará; y nada os será imposible. Pero este género no sale sino con oración y ayuno" (Mateo 17:14–21).

ANÁLISIS

Una pregunta de umbral es, ¿era el muchacho de la historia un epiléptico? O, ¿estaba equivocado el padre del niño, y los efectos físicos de una presencia demoníaca sólo parecían epilepsia en la comprensión de la gente de esa época? Cabe señalar que Jesús no confirmó el diagnóstico del padre. Además, Marcos grabó al padre diciendo que su hijo tenía un "espíritu mudo" y en Lucas un "espíritu". En el evangelio de Lucas, el padre pide a los discípulos que expulsen a un demonio, mientras que en Mateo el padre pide una curación. Marcos afirma que el "espíritu vio" (Marcos 9:20). Lo más significativo, sin embargo, es que Mateo afirma que "al demonio, el cual salió del muchacho".

La indicación, por lo tanto, es que un demonio estaba en el centro de los problemas del muchacho. Jesús reprendió a un demonio, salió del muchacho, y el muchacho fue sanado o hecho entero. El echamiento de un demonio resultó en una curación: la conexión entre un demonio que es echado y la curación es significativa. Podría concluirse que la epilepsia fue un diagnóstico erróneo.

Los discípulos no pudieron echar al demonio, debido, dijo Jesús, a la falta de fe (en Mateo) y a la falta de oración (en Marcos). Los mejores manuscritos no tienen el versículo 21, "Pero este género no sale sino con oración y ayuno". Es posible que el ayuno refleje un período en la Iglesia en el que el echamiento de demonios se había ritualizado a través de un proceso de exorcismo. La fe y la oración en los versículos considerados no tienen objetos declarados: fe en qué o quién, oración acerca de qué y a quién.

En Marcos y Lucas, el demonio atacó al muchacho antes de que saliera, y según Marcos, después de echar fuera al demonio, Jesús ordenó al demonio que no volviera a entrar en el niño (Marcos 9:25). El demonio fue echado con éxito una vez que el niño fue llevado a Jesús.

COMENTARIO

La conexión entre la enfermedad física y la demonización es un rompecabezas. Si bien las enfermedades físicas o emocionales no pueden ser echadas, la actividad demoníaca en una persona puede parecer orgánica o mental en origen. Por otro lado, los síntomas de la enfermedad pueden ser un efecto secundario de la actividad demoníaca. La forma en que un demonio trabaja en una persona es misteriosa, y es probable que sólo Dios conozca los procesos exactos, y es suficiente que Dios sepa.

La oración debe dirigirse a nuestro Dios, confiando o teniendo fe en la persona y terminada obra de Jesucristo, que ha destruido la obra del diablo. Poco se logrará cuando los discípulos de Jesús supongan que están actuando bajo su propio poder y autoridad. Las personas con demonios deben ser llevadas a Jesús. Cuando dos o más de nosotros nos reunimos a causa de Él, Jesús está allí con nosotros, y él es capaz de hacer la obra.

Que Jesús ordenó al demonio que nunca más entrara en el muchacho ha sido un misterio para mí, y me pregunto si debo hacer lo mismo y si estoy justificado para expresar algo que sólo Jesús fue reportado en decir. Pero bien o mal, hago tales declaraciones. En la obra de echar demonios, a veces no estamos seguros de qué hacer y qué decir; he pensado que cuanto menos hecho y dicho es mejor.

6. UNA MUJER CON UN ESPÍRITU INCAPACITANTE

Este evento se encuentra en Lucas 13:10–17:

> Enseñaba Jesús en una sinagoga en el día de reposo; y había allí una mujer que desde hacía dieciocho años tenía espíritu de enfermedad, y andaba encorvada, y en ninguna manera se podía enderezar. Cuando Jesús la vio, la llamó y le dijo: "Mujer, eres libre de tu enfermedad." Y puso las manos sobre ella; y ella se enderezó luego, y glorificaba a Dios. Pero el principal de la sinagoga, enojado de que Jesús hubiese sanado en el día de reposo, dijo a la gente: "Seis días hay en que se debe trabajar; en éstos, pues, venid y sed sanados, y no en día de reposo." Entonces el Señor le respondió y dijo: "Hipócrita, cada uno de vosotros ¿no desata en el día de reposo su buey o su asno del pesebre y lo lleva a beber? Y a esta hija de Abraham, que Satanás había atado dieciocho años, ¿no se le debía desatar de esta ligadura en

el día de reposo?" Al decir él estas cosas, se avergonzaban todos sus adversarios; pero todo el pueblo se
regocijaba por todas las cosas gloriosas hechas por él
(Lucas 13:10–17).

ANÁLISIS

Es Lucas quien dice "espíritu de enfermedad", mientras que
Jesús dice sólo "enfermedad". La pregunta nueva de umbral es
si un demonio está involucrado, o si la condición de la mujer es
una enfermedad física, tal vez osteoporosis. Jesús afirma que
Satanás había atado a la mujer (v. 16), pero ningún demonio es
explícitamente echado.

Jesús puso las manos sobre la mujer, una práctica asociada
con la sanación física. Esta es una historia de una curación,
pero la curación es sólo incidental al mensaje principal de la
historia con respecto a las regulaciones del día de reposo, un
tema que Jesús enfrenta a menudo y puede haber sido la razón
por la que Jesús inició el contacto con la mujer en primer lugar.

Si había un espíritu incapacitante involucrado, entonces
esto es una expulsión de demonios. Pero si el término cuasimédico, espíritu incapacitante, es sólo una descripción generalizada de un tipo que el Dr. Luke podría emplear, entonces
no hay salida de demonios. Lo cual es, propongo que sea inconocible.

COMENTARIO

No parece que haya principios claros sobre el echamiento de
demonios aquí, aunque en raras ocasiones fui testigo de que
los síntomas físicos parecían desaparecer después de que los
demonios fueron echados.

Lo que es característico de esta historia es que Jesús se
acercó a la mujer que estaba en apuros en lugar de al revés.

Independientemente de si la historia involucra o no a los demoníacos, no es aconsejable que los trabajadores cristianos se acerquen a los demonizados de una manera tan directa como lo hizo Jesús. El principio parece ser que los demonizados vienen primero a Jesús o a sus discípulos. Me he encontrado en considerables problemas al iniciar ese ministerio. Tal vez soy demasiado cauteloso aquí, pero en un día de demandas y otras quejas, la cortesía es a menudo mejor.

CAPÍTULO 2

LOS DISCÍPULOS DE JESÚS ECHARON DEMONIOS

E s evidente que Jesús expulsó demonios, pero ¿alguien más lo hizo? Si Jesús fue el único que expulsó demonios, ¿cómo podemos estar seguros de que este es un ministerio legítimo para hoy?

A lo largo de los siglos, los relatos del exorcismo, tal como llegaron a ser llamados, se dirigieron a numerosas historias eclesiásticas. En el Movimiento de Jesús de los años 60 y 70, el echamiento de demonios era común, y yo estaba muy involucrado en esa obra. Sin embargo, nuestra preocupación aquí es lo que encontramos en nuestra única autoridad, la Biblia, que es la única base segura para un servicio tan crítico como la liberación de los espíritus inmundos. Por lo tanto, este capítulo se limitará a la historia de la iglesia primitiva tal como la encontramos en el Nuevo Testamento.

ENVIO DE LOS APÓSTOLES Y LOS SETENTA Y DOS

Habiendo reunido a sus doce discípulos, les dio poder y autoridad sobre todos los demonios, y para sanar enfermedades. Y los envió a predicar el reino de Dios, y a sanar a los enfermos" (Lucas 9:1–2). Después de estas cosas, designó el Señor también a otros setenta, a quienes envió de dos en dos delante de él a toda ciudad y lugar adonde él había de ir (Lucas 10:1). Volvieron los setenta con gozo, diciendo: "Señor, aun los demonios se nos sujetan en tu nombre." Y les dijo: "Yo veía a Satanás caer del cielo como un rayo. He aquí os doy potestad de hollar serpientes y escorpiones, y sobre toda fuerza del enemigo, y nada os dañará. Pero no os regocijéis de que los espíritus se os sujetan, sino regocijaos de que vuestros nombres están escritos en los cielos" (Lucas 10:17–20).

ANÁLISIS

Jesús envió a los doce apóstoles sobre lo que era ante todo una misión de predicación. Al mismo tiempo, les dio poder y autoridad sobre todos los demonios y poder y autoridad para curar enfermedades. "Sanar" al final del versículo 9:2 es la palabra habitual para la curación física y no la palabra de la que obtenemos nuestra "terapia" inglesa, que tiene el sentido de hacerse entero y puede usarse para describir tanto el echamiento de demonios como la curación física. Sanar la enfermedad y echar fuera de los demonios eran señales de que el reino de Dios había llegado.

El punto es que Jesús dio a los apóstoles poder y autoridad sobre los demonios, por lo que suponemos que echaron fuera demonios. Pero luego otros setenta y dos, sin incluir a los doce apóstoles, también fueron enviados. No se hace ninguna declaración en cuanto a que se les ha dado poder y autoridad para echar demonios o para sanar, pero cuando las treinta y seis parejas regresaron, informaron con gozo que incluso los demonios estaban sujetos a ellos. Entonces vemos que otros discípulos de Jesús además de los apóstoles echan demonios.

COMENTARIO

Está claramente establecido que personas que no sean Jesús echan demonios. Los apóstoles echaron demonios, y un cierto discípulo no nombrado de Jesús también lo hizo (véase más adelante). Lo que no se aclara es si el poder y la autoridad sobre los demonios se extiende a aquellos que están más allá de estas ochenta y cuatro personas. Los sistemas de pensamiento han surgido en la historia de la Iglesia que expresan opiniones divergentes, a menudo en contradicción directa entre sí, pero argumentar dogmáticamente de una manera u otra es ir más allá de las declaraciones simples de la Escritura.

A los Doce se les dio poder y autoridad sobre todos los demonios. El poder y la autoridad pertenecían a Jesús, pero se lo dio a ellos. La pregunta es entonces, ¿tenemos hoy poder y autoridad sobre los demonios de la misma manera que lo hicieron los Doce? La Escritura me convence de que la respuesta es sí. El poder y la autoridad no eran suyos, sino que les fue dado por Jesús en un acto de puesta en marcha. Desde Pentecostés, un cristiano nacido de nuevo es habitado por el Espíritu Santo de Jesús. Jesús no nos dejó solos, sino que envió al Ayudante para que estuviera con nosotros para siempre (véase Juan 14). El Espíritu Santo morador significa que Jesús está con nosotros, y según 1 Juan 4:4, "porque mayor es el que está en vosotros, que el que está en el mundo". Esto es ciertamente un misterio, pero Jesús está con nosotros, y Él es aquel con poder y autoridad sobre todos los demonios. Esto es base suficiente para dar una orden para que los cristianos expulsen demonios hoy.

La advertencia de Jesús de evitar ser engullido por una sensación insalubre de ser empoderados —que tenían poder y autoridad sobre los demonios— era algo con lo que tenía que lidiar personalmente. Fue algo embriagador descubrir de repente que los demonios me obedecerían. En todo caso, esto es un eufemismo, ya que esta tendencia es un problema grave.

Hay que tener en cuenta que echar demonios es un servicio extendido a las personas atormentadas por demonios que aún son amadas por Dios, realizado por aquellos que apenas han escapado del tormento del infierno mismo.

EL HOMBRE DESCONOCIDO QUE EXPULSÓ DEMONIOS

Marcos 9:38–41 y Lucas 9:49–50 está la historia de alguien que estaba echando fuera demonios en el nombre de Jesús:

> Juan le respondió diciendo: "Maestro, hemos visto a uno que en tu nombre echaba fuera demonios, pero él no nos sigue; y se lo prohibimos, porque no nos seguía." Pero Jesús dijo: "No se lo prohibáis; porque ninguno hay que haga milagro en mi nombre, que luego pueda decir mal de mí. Porque el que no es contra nosotros, por nosotros es. Y cualquiera que os diere un vaso de agua en mi nombre, porque sois de Cristo, de cierto os digo que no perderá su recompensa" (Marcos 9:38–41).

ANÁLISIS

Tanto el apóstol Juan como Jesús afirman que el hombre desconocido estaba echando demonios. Jesús lo llamó un "milagro". No hay ninguna sugerencia de que el hombre sólo estaba tratando de realizar un exorcismo con los trucos o ilusiones del mago. Tal vez el hombre había sido testigo de Jesús echando fuera demonios y pensó que entonces debía usar el nombre de Jesús en su propia obra, que no habría sido muy diferente de las actividades de los siete hijos de Esceva de Hechos 19. Tal vez el hombre desconocido había sido testigo de los apóstoles de Jesús echando fuera demonios, ya que Lucas coloca esta historia después del envío de los doce como se registra en Lucas 9.

Jesús no permitiría que sus propios seguidores impidieran que el hombre hiciera su ministerio e indica que el hombre no estaba trabajando en contra sino con ellos. Fue más allá e insinuó que el hombre recibiría una recompensa.

COMENTARIO

El hombre desconocido, que ha permanecido desconocido a lo largo de la historia, no era un apóstol; no era uno de los setenta y dos de Lucas 10. No recibió directamente una comisión de Jesús para echar demonios. Es probable que simplemente imitara lo que vio hacer a Jesús. Esto está muy cerca de lo que los seguidores de Jesús han hecho a lo largo de los siglos, echan demonios debido a lo que leyeron en el Nuevo Testamento.

"En tu nombre" fue la frase utilizada por los discípulos para describir lo que el discípulo desconocido estaba haciendo. Esta frase significa que el hombre confiaba o dependía de la persona de Jesús para la autoridad sobre los demonios. La frase no se usó como una fórmula mágica. Sólo pronunciar las palabras "en el nombre de Jesús" no es nada en absoluto. En ese día, los exorcistas usarían varias fórmulas llenas de lo que se pensaba que eran nombres poderosos y mágicos para controlar a los espíritus malignos.

SEÑALES Y MARAVILLAS EN LA IGLESIA PRIMITIVA

Lucas resume las actividades de la Iglesia primitiva, muy cerca en el tiempo de los acontecimientos del Día de Pentecostés, en Hechos 5:12-17. De especial significado para nuestro tema es el versículo 16:

> Y aun de las ciudades vecinas muchos venían a Jerusalén, trayendo enfermos y atormentados de espíritus inmundos; y todos eran sanados (Hechos 5:16).

ANÁLISIS
Las personas enfermas y las personas con espíritus inmundos fueron llevadas a los apóstoles (véase el versículo 12) por muy buenas razones: necesitaban sanación. Curado aquí lleva la idea de ser sanado, y puede aplicarse tanto a la curación física y / o echar demonios. Evidentemente, los apóstoles continuaron el ministerio que habían aprendido de Jesús.

COMENTARIO
Los apóstoles experimentaron la continuación de señales y maravillas que caracterizaron el ministerio de Jesús, y estas señales y maravillas apuntaban a algo más allá de sí mismos, a la persona y al oficio de Jesucristo. Esta es la visión correcta de echar fuera de los demonios. Jesús es honrado y exaltado a medida que las personas son liberadas de la influencia demoníaca.

EL MINISTERIO DE FELIPE EN SAMARIA

Pero los que fueron esparcidos iban por todas partes anunciando el evangelio. Entonces Felipe, descendiendo a la ciudad de Samaria, les predicaba a Cristo. Y la gente, unánime, escuchaba atentamente las cosas que decía Felipe, oyendo y viendo las señales que hacía. Porque de muchos que tenían espíritus inmundos, salían éstos dando grandes voces; y muchos paralíticos y cojos eran sanados; así que había gran gozo en aquella ciudad (Hechos 8:4–8).

ANÁLISIS
Este no es el apóstol Felipe, sino el Felipe de Hechos 6:5, uno de los siete elegidos para liberar a los apóstoles de las mesas de servicio. Se desconoce si era uno de los setenta y dos de

Lucas 10. Debido a la primera persecución real de la Iglesia que estalló después del apedreo de Esteban, muchos creyentes en Jesús, excepto los apóstoles, abandonaron Jerusalén. Uno de ellos fue Felipe, que viajó a Samaria. Predicó a Cristo en la ciudad de Samaria, y las señales que acompañaban el ministerio de Felipe ayudaron a abrir corazones y mentes. Las señales son que aquellos que tienen espíritus inmundos los hicieron salir de ellos, y las personas enfermas fueron sanadas o restaurados. La Biblia inglesa ESV, junto con la mayoría de las otras versiones, tiene "poseído" en el versículo 7, pero una mejor lectura sería "tener espíritus inmundos". El resultado fue mucha alegría.

COMENTARIO
Felipe no era apóstol, sino siervo de la Iglesia primitiva, sobre quien los apóstoles habían puesto sus manos (véase Hechos 6:6). Esta imposición de manos no debe ser vista como dar a Felipe poderes mágicos, sino como la puesta en marcha y afirmarlo.

Los espíritus inmundos salieron dando grandes voces. Mi experiencia coincide con esta descripción. La persona con el espíritu inmundo grita, pero en realidad es un demonio que provoca esto. Supongo que el demonio usa las cuerdas vocales de la persona habitada por el demonio. El clamor y las voces fuertes son cosas que durante mucho tiempo me han desconcertado. Tal vez sea para asustar al ministro o a la persona con el espíritu inmundo, con el fin de cortocircuitar o restringir el ministerio de liberación. Tal vez sea una expresión del horror absoluto del demonio que está siendo destruido por el Santo de Dios (véase Marcos 1:24).

LA NIÑA ESCLAVA CON UN ESPÍRITU DE ADIVINACIÓN

Aconteció que mientras íbamos a la oración, nos salió al encuentro una muchacha que tenía espíritu de adivinación, la cual daba gran ganancia a sus amos, adivinando. Ésta, siguiendo a Pablo y a nosotros, daba voces, diciendo: "Estos hombres son siervos del Dios Altísimo, quienes os anuncian el camino de salvación." Y esto lo hacía por muchos días; más desagradando a Pablo, éste se volvió y dijo al espíritu: "Te mando en el nombre de Jesucristo, que salgas de ella." Y salió en aquella misma hora. Pero viendo sus amos que había salido la esperanza de su ganancia, prendieron a Pablo y a Silas, y los trajeron al foro, ante las autoridades (Hechos 16:16-19).

ANÁLISIS
En el curso de su obra en la ciudad griega de Filipo, Pablo y Silas conocieron a una niña esclava, que tenía un espíritu inmundo—aunque Lucas deja fuera el adjetivo "impuro"— que permitió a la niña contar fortunas. Ella y/o el espíritu sabían quiénes eran Pablo y Silas —siervos del Dios Altísimo—, lo que recuerda a otros espíritus inmundos que sabían quién era Jesús cuando los humanos no lo hacían. Pablo se molestó y confrontó al espíritu en lugar de la niña, mandando al espíritu que saliera "en nombre de" (o debido al poder y la autoridad de) Jesucristo. Lucas afirma que "salió en aquella misma hora". El lenguaje puede ser tomado como que o bien el espíritu salió a la vez o que tomó sólo un corto tiempo. La evidencia de que el espíritu salió es que la niña ya no era capaz de contar fortunas. Este evento ocurrió al aire libre con personas que observaban; los resultados eran visibles y dramáticos y causaban más consecuencias.

COMENTARIO
Pablo con Silas expulsó a un demonio. En ninguna parte hay

una declaración directa de que Jesús le había dado a Pablo poder y autoridad para echar espíritus inmundos, pero Pablo los expulsó. Podríamos esperar que esto ocurriera más de una vez. Los espíritus inmundos reconocen y reaccionan a la presencia de Jesucristo, el Santo de Dios, que he presenciado muchas veces. En varias ocasiones, los demonios me han reconocido y han dicho cosas sobre mí, algunas de las cuales no hubiera querido conocer. Durante mi ministerio, estos espíritus inmundos no siempre se han ido inmediatamente, que es una de las razones por las que la obra puede ser agotadora. Pero al igual que el de Pablo, el enfoque básico es ordenar a los espíritus que salgan, mientras que dependiendo únicamente de la persona y la obra de Jesucristo para efectuar los resultados.

Una de las dificultades que implica echar demonios es que aquellos que son habitados por ellos tal vez no quieran que se vayan. Los demonios proporcionan una amplia variedad de beneficios aparentes para las personas, como la capacidad de contar fortunas. Un demonio intimidará a una persona advirtiendo repetidamente de la pérdida en caso de que sea echada. Esta es una táctica inteligente y altamente efectiva. Una persona debe (por lo general) querer estar libre de los espíritus impuros antes de que la liberación sea posible.

LOS SIETE HIJOS DE ESCEVA

Y hacía Dios milagros extraordinarios por mano de Pablo, de tal manera que aún se llevaban a los enfermos los paños o delantales de su cuerpo, y las enfermedades se iban de ellos, y los espíritus malos salían. Pero algunos de los judíos, exorcistas ambulantes, intentaron invocar el nombre del Señor Jesús sobre los que tenían espíritus malos, diciendo: "Os conjuro por Jesús, el que predica Pablo." Había siete hijos de un tal Esceva, judío, jefe de los sacerdotes, que hacían esto. Pero respondiendo el espíritu malo, dijo: "A Jesús conozco, y sé quién es Pablo; pero vosotros, ¿quiénes sois?" Y el hombre en quien estaba el espíritu malo, saltando sobre ellos y dominándolos, pudo más que ellos, de tal manera que huyeron de aquella casa desnudos y heridos (Hechos 19:11–16).

ANÁLISIS

Sanaciones milagrosas y extraordinarias de un tipo que asombran y nos dejan con grandes preguntas, y "mal" espíritus que se echan fuera, son acontecimientos que van más allá de los relatos evangélicos más ordinarios del echamiento de los demonios por Jesús. "Malos" en este pasaje es de una palabra que puede significar enfermo, pero aquí, como se hace comúnmente, se traduce en un sentido ético de mal o malvado, otra forma de decir inmundo.

Al igual que el hombre desconocido de Marcos 9 y Lucas 9, encontramos personas que aparentemente se presentaron como exorcistas, que estaban tratando de echar demonios pronunciando el nombre de Jesucristo, tal vez imitando el ministerio de Pablo. Estos siete hijos de Esceva eran probablemente exorcistas profesionales aprovechando una noción popular de que, dado que estaban conectados con un sumo sacerdote de Israel, conocerían el nombre secreto del convenio de Dios y, por lo tanto, esto les daría poderes espirituales especiales. Su fórmula de "os conjuro" no era ni es una declaración cristiana o bíblica, sino que sería característica de los exorcistas orientados al ocultismo.

El espíritu maligno sabía quién era Jesús, pero simplemente familiarizado con Pablo. Lucas deja la distinción clara. Mientras que el demonio conocía a Jesús, cuyo nombre estaban tratando de usar mágicamente, no cedió poder a los exorcistas, y los abrumó de una manera más dramática y vergonzosa, exponiéndolos por completo.

COMENTARIO

A lo largo de mi ministerio, he visto acontecimientos que son paralelos en menor grado a lo que Lucas relata. Los demonios que son poderosos y no serán controlados, demonios que saben quién es Jesús, pero se burlarán de los que son pretendientes, y ocultistas que parecen ser espiritualmente poderosos, pero en última instancia no lo son, estas situaciones que he visto en numerosas ocasiones.

Parte de lo que está relacionado con el ministerio de Pablo en Efeso está más allá de mi comprensión, pero en una ciudad como la antigua Efeso, tan inundadas con prácticas ocultas, escenas salvajes y extrañas probablemente habrían tenido lugar. Hay un elemento desconcertante en el trabajo de echar demonios; realmente no es para los débiles de corazón o nervio.

LA CAPACIDAD PARA DISTINGUIR ENTRE ESPÍRITUS

Entre las variedades de dones dados por Dios está la capacidad de distinguir entre espíritus (1 Corintios 12:19). Este don no se menciona en ninguna otra parte del Nuevo Testamento. A veces se asume que la distinción o discernimiento tiene que ver con saber si los demonios estaban involucrados o no, o puede ser que el don tiene que ver con la comprensión de la diferencia entre las doctrinas ortodoxas y heterodoxas. Por otra parte, puede ser que ambos sean verdaderos. No he llegado a una posición sobre este tema.

Tal vez Felipe tenía este don en Samaria; tal vez Pablo lo tenía en Filipo y Efeso. Tal vez este don ayude a explicar el ministerio de Jesús a aquellos que tenían espíritus inmundos. Cuando Jesús encargó a los doce y más tarde a los setenta y dos, no se menciona un don espiritual que se da. Mi punto es que algunos vinculan el echamiento de demonios con los dones carismáticos y, por lo tanto, descartan el ministerio fuera de control. Pero no veo ninguna orden de las Escrituras para esa posición. En mi propio caso, ser correcto en una evaluación sobre si una persona tenía un espíritu demoníaco o si los demonios estaban involucrados en absoluto no era algo seguro.

Si el concepto de cesasionismo —que los dones carismáticos del Espíritu Santo han dejado de ser operativos en la Iglesia, especialmente hablando en lenguas y predicciones proféticas— fuera preciso, esto todavía no negaría el hecho de que los cristianos pueden echar demonios hoy en día.

OBSERVACIONES FINALES

Aunque hay pasajes en las epístolas que hablan de Satanás y los demoníacos, no hay otros pasajes claros que traten específicamente del echamiento de demonios. Pablo escribe sobre nuestra guerra como no estar en contra de la carne y la sangre, sino contra el reino demoníaco (Efesios 6:12), y Pedro habla de que Satanás es como un león rugiente que busca a alguien a quien devorar (1 Pedro 5:8). Hay otras menciones de los demoníacos, especialmente en Apocalipsis.

Mi opinión es que no hay nada en las Escrituras que prohíba a los cristianos participar en el echamiento de demonios. Tampoco hay nada en las Escrituras que lo instruya explícitamente. Una vez más, en las cartas del Nuevo Testamento, no se describen los actos de echar demonios. Tal vez se consideró normativo y no necesitaba discutir, o tal vez la necesidad había desaparecido en gran medida, como suele ocurrir durante los tiempos normales. Sin embargo, está claro que el echamiento de demonios no se limitó a los doce apóstoles, y no hay nada limitante que los cristianos del siglo I echaren demonios o a aquellos cristianos que vivían durante la formación del Nuevo Testamento.

Una teoría escatológica (tiempos finales o últimas cosas) tiene a Satanás siendo atado durante un reinado de mil años de Cristo, que es visto como una metáfora de la victoria establecida de Cristo y se extiende desde la Resurrección hasta el Segunda Venida de Cristo. En mi opinión, esta teoría no impediría la demonización, sino que significaría que los cristianos podrían echar espíritus inmundos, porque estos demonios han sido derrotados a través de la obra de Jesús. Cualquiera que sea la visión de las últimas cosas, echar demonios por discípulos de Jesús debe entenderse como normativo.

Ahora estamos listos para avanzar hacia una breve historia de echar demonios después de la era del Nuevo Testamento, luego una breve discusión sobre la teología de los demoníacos. Luego, después de otros dos breves capítulos, veremos cómo los cristianos pueden llevar a cabo un ministerio de echar demonios hoy.

CAPÍTULO 3

Expulsión de Demonios Después de la Era del Nuevo Testamento

La mayoría de nuestra información sobre el echamiento de demonios en el siglo I proviene de Mateo, Marcos y Lucas, incluyendo el libro de Hechos. El Evangelio de Juan no tiene mención directa de echar demonios, y lo mismo puede decirse de las cartas de Pablo, Pedro, Santiago, Judas y Juan. Tampoco hay nada relacionado con el tema en Hebreos o Apocalipsis. Es como si echar fuera demonios y sanación — las dos señales y maravillas comunes al ministerio de Jesús— hubieran desaparecido después de alrededor del 70 d. C. Esta conclusión se basa en gran medida en el silencio o la falta de información y no en los acontecimientos reales.

La primera mención del echamiento de demonios se puede encontrar en la parte más larga final del Evangelio de Marcos:

> Y estas señales seguirán a los que creen: En mi nombre echarán fuera demonios; hablarán nuevas lenguas; tomarán en las manos serpientes, y si bebieren cosa mortífera, no les hará daño; sobre los enfermos pondrán sus manos, y sanarán (Marcos 16:17–18).

Este final más largo de Marcos con su mención de echar demonios no aparece en los manuscritos principales del Nuevo

Testamento hasta el siglo IV, tal vez el siglo V. Sin embargo, generalmente se considera que el final más largo puede haberse originado a finales del siglo II. Aunque no se considera original del Evangelio de Marcos, todavía da evidencia de que los cristianos estaban echando fuera demonios después de la publicación del Nuevo Testamento. También se observa que el término "exorcismo" no se utiliza en el final largo de Marcos; más bien, se encuentra una variación de la frase normativa del Nuevo Testamento, "tirar de fuera demonios". El final refleja una comprensión temprana de echar demonios en lugar de relatos posteriores donde el "exorcismo" es la palabra utilizada principalmente.

JUSTINO MÁRTIR

En el siglo II, Justino Mártir (ca. 100–165) escribió que los cristianos en su época comúnmente exorcizaron demonios, y lo hicieron en el nombre de Jesús.

Justino fue un defensor de la fe cristiana, ya que defendió el cristianismo al exponer el mensaje esencial de la Iglesia. El foco de su defensa era la encarnación — Dios se había hecho carne en la persona de Jesucristo. También escribió sobre demonios. En la Primera Apología, capítulo XXVIII, Justino habló del cuidado de Dios para los hombres:

> Porque entre nosotros el príncipe de los espíritus inicuos se llama la serpiente, y Satanás, y el diablo, como se puede aprender mirando en nuestros escritos. Y que sería enviado al fuego con su hueste, y los hombres que lo siguen, y sería castigado por un tiempo sin fin, predijo Cristo. Por la razón por la cual Dios se ha retrasado para hacer esto, es su respeto por la raza humana.

Justino escribió en un momento en que era necesario resumir las doctrinas bíblicas esenciales, ya que había pocas que tenían acceso a las Escrituras cristianas primarias. Es evidente que Justino tenía una visión bíblica normativa de Satanás. Justino también habló de demonios:

Porque fue hecho hombre también, como dijimos antes, habiendo sido concebido de acuerdo con la voluntad de Dios Padre, por el bien de los hombres creyentes, y para la destrucción de los demonios. Y ahora puedes aprender esto de lo que está bajo tu propia observación. Para innumerables demoniacos en todo el mundo, y en vuestra ciudad, muchos de nuestros hombres cristianos exorcizándolos en el nombre de Jesucristo, que fue crucificado bajo Poncio Pilato, han sanado y sana, dejándose indefensos y echando a los demonios poseedores de los hombres, aunque no pudieron ser curados por todos los otros exorcistas, y los que usaron conjuros y drogas. (Segunda Apología, capítulo VI)

Se observa que Justino no usó el término "echamiento de demonios", sino más bien el término estándar del día, "exorcismo. "Mientras el término "exorcismo" es empleado por Justino, sería sinónimo del término más bíblico, "echar demonios". Pasaría un siglo antes de que la práctica de echar demonios se corrompiera en algo más parecido a las prácticas paganas y ocultas. Justino distinguió aquí entre el exorcismo cristiano y el exorcismo orientado a la magia común a su tiempo. En su Diálogo con Trifón, capítulo 85:3, esto se afirma:

Por cada demonio, cuando se exorciza en el nombre de este mismo Hijo de Dios —que es el Primogénito de toda criatura, que se hizo hombre por la Virgen, que sufrió y fue crucificado bajo Poncio Pilato por tu nación, que murió y ascendió al cielo— es vencido y sometido. Pero, aunque exorcizas a cualquier demonio en el nombre de cualquiera de los que estaban entre vosotros —ya sean reyes, hombres rectos, profetas o patriarcas— no estará sujeto a ti.

Justino recuerda a Trifón, un filósofo judío que, aunque había exorcistas judíos, no fueron capaces de hacer lo que los exorcistas cristianos podían hacer. El punto aquí es que, a mediados del tercer cuarto del siglo II, los cristianos estaban echando con éxito demonios de la gente.

IRENEO DE LYON

Un obispo en Lyon, Francia, durante las fechas probables del 120 al 202– d. C. y por lo tanto escribiendo aproximadamente medio siglo más tarde que Justino, Ireneo demostró una visión bíblica continua de echar demonios. Su escritura principal fue Una refutación y subversión del conocimiento falsamente llamada, pero más popularmente conocida como Contra las herejías. Contra las herejías se compone de cinco libros, y las citas se refieren con fórmulas tales como (Haer. 2.31.2) que sigue:

> Porque no pueden conferir la vista a los ciegos, ni el oír a los sordos, ni ahuyentar a todo tipo de demonios, (ninguno, de hecho) excepto aquellos que son enviados a otros por sí mismos, si pueden hacer tanto como esto. Tampoco pueden curar a los débiles, o a los cojos, o a los paralíticos, ni a los que están angustiados en cualquier otra parte del cuerpo como se ha hecho a menudo con respecto a la enfermedad corporal.

Ireneo, escribiendo contra dos gnósticos prominentes contemporáneos, Simón y Carpócrates, contrasta el ministerio de los gnósticos con el de los cristianos. Los gnósticos intentaron exorcismo y curación, pero fueron ineficaces en ambos, mientras que los cristianos tuvieron éxito en hacer estos servicios.

Ireneo continuó diciendo que los cristianos hicieron su trabajo sin pago y lo hicieron con "simpatía, compasión, firmeza y verdad", en contraste con el desempeño de los gnósticos. Además, Ireneo sostuvo que los cristianos eran capaces de realizar varios milagros:

> Por lo tanto, también, los que son en verdad sus discípulos, recibiendo gracia de Él, lo hacen en su nombre realizar [milagros], a fin de promover el bienestar de otros hombres, de acuerdo con el don que cada uno ha recibido de Él. Porque algunos cierta y verdaderamente echan a los demonios, de modo que aquellos que así han sido limpios de los malos espíritus con frecuencia creen [en Cristo], y se unan a la Iglesia. (Haer. 2.32.4)

La frase de Ireneo, "echan a los demonios", está más cerca de la del Nuevo Testamento que de la de Justino, pero el testimonio es el mismo. Además, la obra de echar demonios parecía dar lugar a conversiones, lo que a poco promueve la misión evangélica de la Iglesia.

En el mismo capítulo, Haer.2.32.5, Ireneo contrastó el ministerio de la Iglesia con el de los gnósticos orientados al ocultismo:

> Tampoco realiza nada por medio de invocaciones angelicales, o por cualquier otro arte curioso malvado; pero, dirigiendo sus oraciones al Señor, que hizo todas las cosas, con un espíritu puro, sincero y directo, e invocando el nombre de nuestro Señor Jesucristo, ella ha estado acostumbrada a obrar milagros en beneficio de la humanidad, y a no conducirlos al error.

Ya en el siglo II, entonces, los cristianos se dedicaban a echar demonios. Sus medios para hacerlo se basaban en el modelo bíblico establecido por Jesús y no se parecían a lo que se convertiría hacia finales del siglo III, algo muy cercano, si no idéntico a los exorcismos paganos. Que el echamiento de los demonios fue eficaz es testificada por Justino e Ireneo.

Otros, como Tertuliano (160–230)–y Origen (185–254), también afirman que los cristianos en su época echaron fuera, o más correctamente, exorcizaron demonios. El punto que se está considerando debe ser claro: los cristianos después de la era del Nuevo Testamento continuaron participando en el echamiento de demonios y lo hicieron en estrecha conformidad con la práctica tal como la vemos en el Nuevo Testamento.

Hacia mediados del siglo III, los líderes de la Iglesia establecieron el cargo de exorcista. Estos exorcistas fueron ordenados sacerdotes, y los ritos fueron desarrollados para su uso en la práctica del exorcismo, aunque el exorcismo no estaba entre los sacramentos. En cuestión de poco más de dos siglos, el echamiento de demonios fue ritualizada e hizo la propiedad única del clero ordenado.

RESUMEN FINAL

Aunque las referencias al echamiento de demonios no son abundantes en los relatos que tenemos de la Iglesia en los primeros siglos, todavía hay suficientes notaciones para afirmar que la comunidad cristiana en general era consciente de echar fuera de los demonios y se involucró en ella. Después de mediados del siglo III y el desarrollo de la oficina del exorcista, hubo una gradual devolución del ministerio en algo muy parecido al del exorcista pagano, que se basó en encantamientos, ritos, ceremonias y otras formulaciones mágicas, incluso "en el nombre de Jesús". "Exorcismo" se convirtió en la palabra más utilizada por la Iglesia a finales del siglo III y más allá para el echamiento de demonios y a menudo se asoció con el bautismo, como lo es hoy en día en la Iglesia Católica Romana.

La práctica de echar demonios, o exorcismo, continúa en todas las ramas principales del cristianismo: ortodoxo oriental, católico romano y las iglesias protestantes. Hasta el día de hoy, los cristianos de todo el mundo se involucran en el echamiento de demonios.

*Este capítulo se debe mucho al libro de Graham H. Twelftree *In the Name of Jesus* [*En el nombre de Jesús*]. El enfoque de este buen libro es el exorcismo entre los primeros cristianos. Fue publicado en 2007 por Baker Academic, Grand Rapids, Michigan.

Una fortaleza poderosa es nuestro dios,
Un baluarte que nunca falla;
Nuestro ayuda en medio de la inundación
De males mortales que prevalecen.
Por lo que sigue siendo nuestro antiguo
enemigo
Busca traernos aflicción—
Su nave y el poder son grandes,
Y armados con odio cruel,
En la tierra no es su igual.

Martin Lutero,
"Una fortaleza poderosa es nuestro Dios"
Verso 1

CAPÍTULO 4

UNA TEOLOGÍA DE LOS DEMONÍACOS

D ado que una teología completa o incluso modesta de los demoníacos está fuera del alcance de este pequeño libro, el siguiente es un mero resumen de sus puntos más destacados.

LA SERPIENTE EN EL HUERTO

Comenzamos con el Génesis y la serpiente en el huerto. "Pero la serpiente era astuta, más que todos los animales del campo que Jehová Dios había hecho" (Génesis 3:1).

Dios, está claro, hizo la serpiente y le dio ciertas características. La serpiente era astuta, podía razonar, comunicarse, debatir, persuadir, convencer, mentir y engañar. Sin embargo, la serpiente se volvió contra su creador, y el pronunciamiento de juicio de Dios fue: "Y pondré enemistad entre ti y la mujer, y entre tu simiente y la simiente suya; ésta te herirá en la cabeza, y tú le herirás en el calcañar" (Génesis 3:15).

Este versículo, a veces considerado como la primera profecía del Mesías en las Escrituras, anuncia que habrá una guerra en curso entre la serpiente y la "mujer" y su "descendencia". La descendencia de la mujer ha sido entendida como la Iglesia o Cristo o tal vez ambas. La descendencia de la serpiente, en su sentido más amplio, incluiría todo el reino demoníaco compuesto por demonios mandados por el rey Satanás. La serpiente hará algún daño, "herirás en el calcañar", que no es una lesión fatal pero la descendencia de la mujer dará un golpe mortal.

¿QUIÉN ES LA SERPIENTE?

¿Es la serpiente Satanás? Hay algunas pistas. Uno se encuentra en 2 Corintios 11:3: "Pero temo que como la serpiente con su astucia engañó a Eva, vuestros sentidos sean de alguna manera extraviados de la sincera fidelidad a Cristo". Pablo se refiere a la serpiente de Génesis 3. No es posible aquí ni ahora mostrar cómo los vínculos entre la serpiente del Génesis y Satanás se desarrollaron a lo largo de los siglos, sino por el tiempo de Pablo y con su educación bajo Gamaliel en la escuela de Hilel habría identificado a la serpiente con Satanás. Juan dejó clara la identificación en Apocalipsis 12:9:

> Y fue lanzado fuera el gran dragón, la serpiente antigua, que se llama diablo y Satanás, el cual engaña al mundo entero; fue arrojado a la tierra, y sus ángeles fueron arrojados con él.

Luego, en Apocalipsis 20:1–3, Juan continúa con el mismo tema:

> Vi a un ángel que descendía del cielo, con la llave del abismo, y una gran cadena en la mano. Y prendió al dragón, la serpiente antigua, que es el diablo y Satanás, y lo ató por mil años; y lo arrojó al abismo, y lo encerró, y puso su sello sobre él, para que no engañase más a las naciones, hasta que fuesen cumplidos mil años; y después de esto debe ser desatado por un poco de tiempo.

El nombre del diablo es Satanás, que significa adversario, oponente o enemigo; Satanás lucha contra Dios y su creación. La palabra "diablo" se entiende mejor como calumniador o acusador. Fue arrojado, lo cual consideraremos en breve, pero específicamente fue arrojado a la tierra junto con sus ángeles. Pedro también advirtió: "porque vuestro adversario el diablo, como león rugiente, anda alrededor buscando a quien devorar" (1 Pedro 5:8).

Los ángeles de Apocalipsis 12:9, junto con su líder-ángel Satanás, son seres inteligentes creados que tienen una medida de libre voluntad, demostrado por su capacidad de rebelarse contra su creador. Se desconoce cuántos ángeles hay, ya sea los que siguieron a Satanás o los que no. Es común la tradición cristiana que Satanás es uno de los tres arcángeles, los otros son Miguel y Gabriel. Satanás entonces sedujo a los ángeles bajo su mandato —un tercio del cuerpo angelical— y fueron echados del cielo junto con él. Por lo tanto, el reino demoníaco está compuesto por Satanás y sus ángeles, siendo sus ángeles demonios, también llamados espíritus malignos o espíritus inmundos.

Hay una gran divergencia entre los cristianos sobre el significado de Apocalipsis 20:1–3, y una aclaración del debate entre los diferentes sistemas teológicos no es relevante para nuestro propósito aquí, excepto para señalar que el pasaje parece significar que Satanás es derrotado, que es cómo cualquier ministerio de liberación o expulsión de demonios es incluso posible. Sin Jesús y su triunfo sobre el diablo (véase 1 Juan 3:8), echar fuera de los demonios es simplemente exorcismo oculto, una farsa que echa de Satanás por el poder de Satanás. El atamiento de Satanás por mil años es misterioso; sin embargo, Jesús ató al hombre fuerte Satanás, cuando expulsó demonios (véase Mateo 12:29). Es atamiento de Satanás lo que lo hace vulnerable a ser echado hoy.

UNA PROFECÍA DE ISAÍAS

Satanás es una criatura, echada o arrojada del cielo, un lugar fuera del tiempo y del espacio en el que Dios mora. Satanás lo habitaba al principio. El profeta Isaías ofrece una simple visión de algo que no podemos imaginar:

> ¡Cómo caíste del cielo, oh, Lucero, ¡hijo de la mañana! Cortado fuiste por tierra, tú que debilitabas a las naciones. Tú que decías en tu corazón: "Subiré al cielo; en lo alto, junto a las estrellas de Dios, levantaré mi trono, y en el monte del testimonio me sentaré, a los lados del norte; sobre las alturas de las nubes subiré, y seré semejante al Altísimo." Mas tú derribado eres hasta el Seol, a los lados del abismo (Isaías 14:12–15).

Estos versículos son parte de un pasaje más largo, Isaías 14:3–23, cuyo contexto es un pronunciamiento de juicio sobre un rey de Babilonia. Pero como tantas profecías en la Biblia hebrea, de repente aparece algo más, algo fuera de contexto que indica un cambio de la intención del Autor. A partir del versículo 12, es hijo de la mañana o Lucero quien es el sujeto, no un rey de Babilonia. Esta es una conclusión, porque el profeta no hace una identificación clara; pero hay una rica historia de interpretación del pasaje que sugiere que Isaías toma el relato tradicional de los orígenes de Satanás y lo aplica a un rey terrenal.

Sabemos por Génesis 3 que Satanás era un ser celestial de algún tipo, tal vez uno de los ángeles principales. Fue creado, teniendo un comienzo, y se le dio libertad de elección. Entonces algo causo que Lucero, que tenía los títulos exaltados de hijo de la mañana y el hijo del amanecer, rebelase contra Dios. La consecuencia fue que fue arrojado a la tierra (combinando Isaías y Apocalipsis). Y nosotros los humanos hemos tenido que vivir con esto para siempre.

UNA PROFECÍA DE EZEQUIEL

Isaías profetizó acerca de un rey de Babilonia en el que apareció algo que sugiere que tenía más en mente que un rey terrenal. Lo mismo ocurre con Ezequiel y su profecía sobre un rey de Tiro:

> Vino a mí palabra de Jehová, diciendo: "Hijo de hombre, levanta endechas sobre el rey de Tiro, y dile: Así ha dicho Jehová el Señor: Tú eras el sello de la perfección, lleno de sabiduría, y acabado de hermosura. En Edén, en el huerto de Dios estuviste; de toda piedra preciosa era tu vestidura; de cornerina, topacio, jaspe, crisólito, berilo y ónice; de zafiro, carbunclo, esmeralda y oro; los primores de tus tamboriles y flautas estuvieron preparados para ti en el día de tu creación" (Ezequiel 28:11–13).

La conexión con Satanás y el huerto es obvia. Excepto en licencia poética fue el rey del Tiro siempre en el Edén. Y "lleno de sabiduría, y acabado de hermosura" podría ser hipérbole profético, pero tal vez no. El rey de Ezequiel es como el de Isaías, aunque tan alto y poderoso, cae tan bajo. Satanás es una criatura magnífica —sabio, hermoso, perfecto, asesino, odioso y engañoso— el supremo mentiroso y enemigo.

DEMONIOS Y EL NUEVO TESTAMENTO

Dos pasajes del Nuevo Testamento que a veces se usan para representar un origen para los demonios son 2 Pedro 2:4 y Judas 6:

> Porque si Dios no perdonó a los ángeles que pecaron, sino que arrojándolos al infierno los entregó a prisiones de oscuridad, para ser reservados al juicio" (2

Pedro 2:4). Y a los ángeles que no guardaron su dignidad, sino que abandonaron su propia morada, los ha guardado bajo oscuridad, en prisiones eternas, para el juicio del gran día (Judas 6).

En estos pasajes los ángeles son demonios, y cometieron el error final y fueron arrojados al lugar más bajo y peor: el infierno mismo. Pero si fueron arrojados al infierno, ¿cómo están vagando por aquí ahora? Este es un problema aparente con 1 Pedro 2:4 y Judas 6. Si bien la identificación de ángeles caídos con demonios no es un gran salto, parece que una vez que habían sido echados del cielo, los demonios están en el infierno, el lugar de la oscuridad sombría, justo donde están listos para ser empleados por el diablo para su negocio. Para reafirmar entonces: el infierno no está cerrado ahora, y los demonios no se cierran encadenados, que serán al regreso de Jesucristo al final de la era.

Finalmente, tenemos algo que Jesús dijo mientras hablaba del juicio final: "Entonces dirá también a los de la izquierda: Apartaos de mí, malditos, al fuego eterno preparado para el diablo y sus ángeles" (Mateo 25:41). Mientras 2 Pedro 2:4 y Judas 6 hablan de un encadenamiento actual de demonios, Jesús señala un encarcelamiento futuro. Es difícil saber cómo se puede reconciliar esto, pero Jesús dijo: "El diablo y sus ángeles", por lo que es razonable pensar que se refería a lo que dijo.

RESUMEN FINAL

Una parte significativa de la cosmovisión cristiana sostiene que Dios es creador, que creó a Satanás y a los demonios que lo siguieron, que Dios juzgó al pecado y a Satanás, limitó su existencia y fijó su destrucción, todo a través de la persona y la obra de nuestro Señor Jesucristo. Estas grandes verdades son el fundamento sobre el cual los demonios son echados.

CAPÍTULO 5

CÓMO LA GENTE ES HABITADA POR DEMONIOS

E s un misterio cómo la gente es habitada por demonios, ya que la Escritura no es definitiva sobre el tema. Lo siguiente se basa principalmente en la experiencia personal. Durante el Movimiento de Jesús, muchos cristianos de todo el país se dedicaban a echar demonios, que normalmente denominamos "ministerio de liberación", basado principalmente en la frase de la oración del Señor, "líbranos del mal" (véase Mateo 6:13). Este ministerio se convirtió en un tema común de conversación durante ese período. Había quienes tenían una posición de que echar fuera demonios era algo que pertenecía estrictamente a los días de la Iglesia primitiva, y otros evitaron el ministerio completamente, creyendo que no es posible que los cristianos tengan demonios. Muchos de nosotros que participamos en el ministerio de liberación comparamos notas y encontramos una sorprendente uniformidad de experiencias. Surgió una comprensión común de echar demonios, algunos de los cuales aún acepto, y algunos de los cuales ahora rechazo. El entendimiento común al que apelo ahora no es ciencia, y probablemente no pueda ser comprobado para cumplir con criterios científicos empíricos.

Mi experiencia me lleva a señalar prácticas ocultas, falta de ideas y ciertas prácticas religiosas, especialmente la participación con los ídolos, como el principal medio por el cual las personas deliberada o inadvertidamente se abren a los espíritus moradores.

LO OCULTO

Las prácticas ocultas pueden dividirse en tres categorías: adivinación, magia (que incluiría hechicería y brujería) y espiritualismo (o espiritismo). La adivinación puede tener muchos rostros, entre los que se encuentran la astrología, la lectura de palmas, la consulta de psíquicos que dicen conocer el futuro, la interpretación de los presagios, la lectura del tarot, la manipulación de una vara y el péndulo, la observación de cristales, la psicometría, el juego del tablo ouija, y muchas otras formas de adivinación. La dinámica central es el deseo de conocer el futuro y, por lo tanto, adquirir poder.

La magia también tiene muchas caras. Puede dividirse en magia blanca, neutra o natural, y negra. Al final del espectro está la adoración de Satanás. La magia es un intento de manipular dioses, seres celestiales, espíritus guía, maestros ascendidos, fuerzas, energías, ángeles, demonios, etc., para hacer el deseo de uno. El toque curativo o terapéutico es una forma de magia construida sobre conceptos hindúes de flujo de energía y chacras, que es bastante popular hoy en día. Periódicamente, las formas de magia entrarán en la corriente principal de una cultura, y pocos reconocen los principios mágicos fundamentales detrás de ellas.

La forma común del espiritismo es la sesión de espiritismo, o necromancia, que es el intento de contactar a los muertos. El medio o psíquico entra en trance, convirtiéndose, como se supone, en un conducto para un espíritu que comunica mensajes. Tales prácticas son comunes a religiones como el chamanismo, Santería, y las prácticas neopaganas como Wicca. Para un tratamiento más completo de este consulte *The Soul Journey: How Shamanism, Santeria, Wicca, and Charisma are Connected*, [*El viaje del alma: cómo se conectan el chamanismo, la santería, la wicca y el carisma*] de Kent y Katie Philpott, disponible en www.earthenvesselmedia.com.

La Escritura da una lista bastante completa de prácticas ocultas:

> Cuando entres a la tierra que Jehová tu Dios te da, no aprenderás a hacer según las abominaciones de aquellas naciones. No sea hallado en ti quien haga pasar a su hijo o a su hija por el fuego, ni quien practique adivinación, ni agorero, ni sortílego, ni hechicero, ni encantador, ni adivino, ni mago, ni quien consulte a los muertos. Porque es abominación para con Jehová cualquiera que hace estas cosas, y por estas abominaciones Jehová tu Dios echa estas naciones de delante de ti. Perfecto serás delante de Jehová tu Dios. Porque estas naciones que vas a heredar, a agoreros y a adivinos oyen; más a ti no te ha permitido esto Jehová tu Dios (Deuteronomio 18:9–14).

Además, en el Antiguo Testamento hay otras referencias a las prácticas ocultas. En estos pasajes, la versión del rey Santiago de la Biblia usó la frase "encantadores" para describir medios, adivinos y magos: Levítico 19:31, 20:6, 20:27; 1 Samuel 28:3-9; 2 Reyes 21:6, 23:24; 1 Crónicas 10:13; 2 Crónicas 33:6; Isaías 8:19, 19:3 y 29:4. El origen de los "encantadores" es oscuro, pero puede haber sido destinado a transmitir la idea de que los medios y adivinos conocían la identidad del espíritu que los moraba, o que el espíritu se presentaba como la presencia de un miembro de la familia fallecido.

Lo oculto es real, es decir, no es enteramente humo y espejos. Aquellos que se han involucrado en estas áreas a menudo encuentran que están en contacto con entidades o seres que son realmente sobrenaturales. Es bastante convincente; y a menos que alguien entienda que, por muy reales y poderosas que sean, incluso útiles, estas prácticas son, sin embargo, son profanas y peligrosas.

Mi opinión es que, al participar en actividades empoderadas por los demoníacos, una persona entra, aunque sea involuntariamente, en la esfera de Satanás y es vulnerable a la invasión.

Jesús prometió que donde dos o tres se reúnen en su nombre, o por causa de Él, está presente. La falsificación exacta existe en el mundo oculto. Cuando la gente se involucra en la religión de Satanás, entonces él también está presente. Además, la falsificación se extiende aún más. Tras la conversión, una persona es habitada por el Espíritu Santo de Dios y se convierte en un templo del Espíritu. La morada de una persona por un espíritu profano es la falsificación, mal opuesto a la obra del Espíritu Santo. Y todo don espiritual, como se encuentra en Romanos 12 y 1 Corintios 12, tiene su falsificación demoníaca.

A menudo, aquellos que se dedican a prácticas ocultas en realidad buscan ser habitados por espíritus guía, ángeles, energías, seres celestiales, etc., y son habitados, pero lo que los habita es un demonio o demonios.

INCONSCIENCIA

Inconsciencia significa un intento deliberado de vaciar la mente de todo pensamiento consciente. Esta es una característica distintiva de algunas religiones, particularmente formas de budismo e hinduismo. La meditación, donde el objetivo es vaciar la mente para lograr la paz, el centrado, el equilibrio espiritual, la ausencia de sufrimiento o pasión, la unidad con el universo, etc., expone la mente y el cuerpo a la invasión de espíritu que, viendo las paredes protectoras normales de la mente derribada, entran y llenan el espacio vacío. A pesar de sus orígenes en las religiones anteriores, estas prácticas son cada vez más populares en las culturas occidentales dominantes. Aunque no del todo al punto, una historia que Jesús contó tiene cierto peso sobre este tema:

"Cuando el espíritu inmundo sale del hombre, anda por lugares secos, buscando reposo, y no lo halla. Entonces dice: 'Volveré a mi casa de donde salí;' y cuando llega, la halla desocupada, barrida y adornada. Entonces va, y toma consigo otros siete espíritus peores que él, y entrados, moran allí; y el postrer estado de aquel hombre viene a ser peor que el primero. Así también acontecerá a esta mala generación" (Mateo 12:43–45).

La mente vacía, o la mente adormecida por largos períodos de canto diseñados para lograr una especie de insensible o cese del pensamiento consciente, expone a uno al demoníaco. Sinónimos de falta de sentido son el estado pasivo de la mente, el estado alterado de la conciencia, el estado chamánico de la mente, el, trance y el éxtasis. El chamán entra en trance y va en un "viaje del alma" al cielo o al infierno. Los wiccanos entran en trance para ir en sus viajes por el alma. Incluso algunas formas de místico cristianismo confiar en los estados de trance para contactar superior espiritual planes.

Cabe señalar que la oración bíblica y la meditación son conscientes y se concentran en Dios mismo o en su palabra o su obra. Está lejos de inconsciencia o el vaciado de la mente.

EL DEMONIO DETRÁS DEL ÍDOLO

Una tercera manera que mi experiencia me ha demostrado que los demonios morarán a la gente es sacrificando o haciendo ofrendas a los ídolos.

Antes del Movimiento Popular de Jesús fue la explosión de interés en las enseñanzas religiosas orientales. Una práctica típica de algunos de ellos era la realización de sacrificios a imágenes e ídolos que representan a los dioses de la religión o a la semejanza o imagen de un jefe o gurú fundador. A veces se le daba un mantra u otro nombre o palabra especial a un devoto en una ceremonia de iniciación, lo que equivalía a una invitación para que el espíritu del gurú, o el dios, o alguna otra entidad espiritual, entrara en el devoto. Una vez entendido, se hizo evidente que algunos mantras eran literalmente palabras de alabanza a un demonio.

Esa fue mi experiencia. Y sí, durante esos años no era raro echar de una persona a un demonio disfrazado de gurú. Pablo, escribiendo a un pueblo que vivía entre adoradores de ídolos, dijo: "huid de la idolatría" (1 Corintios 10:14). Continuó explicando:

> ¿Qué digo, pues? ¿Que el ídolo es algo, o que sea algo lo que se sacrifica a los ídolos? Antes digo que lo que los gentiles sacrifican, a los demonios lo sacrifican, y no a Dios; y no quiero que vosotros os hagáis partícipes con los demonios (1 Corintios 10:19–20).

Cuando un demonio entró en la persona, podría haber ocurrido una profunda experiencia espiritual, que trajo algo de consuelo y euforia. Pero con el tiempo, como de costumbre, la presencia espiritual se volvería fea y comenzaría un proceso de atormentar. Curiosamente, algunas de estas personas comenzarían a confiar en Jesús como resultado y procurarían encontrar alivio. Algunos de ellos descubrirían que había alivio y liberación sólo en Jesucristo.

EXPERIENCIAS TRAUMÁTICAS

En los últimos años he descubierto que las experiencias tempranas, infantiles en su mayoría, que involucran ciertos traumas resultaron en la demonización. El principal trauma es el miedo, el abandono, las lesiones psíquicas graves, la disolución de la familia debido a las muertes y más. Anteriormente, había considerado reacciones a estas diversas formas de estrés traumático severo simplemente desde una perspectiva psicológica, pero recientemente me he visto obligado a reevaluar mi posición debido a las circunstancias. Aunque no tengo ciencia y sólo experiencia limitada para recurrir, mi punto de vista actual es que experiencias traumáticas, especialmente durante la infancia, son posible mecanismos que conducen a la demonización.

RESUMÉN FINAL

Para ampliar el párrafo anterior, algunos escritores señalarán otras vías de invasión por parte de demonios, como experiencias emocionales traumáticas como el miedo, la ira o la rabia. En adición, el uso de drogas y otras sustancias como psicodélicos, incluida la marihuana, pueden exponer uno a demonios. Aunque esto no es tan claro como las prácticas ocultas, no debe descartarse. Cualquier cosa que le saque sustancialmente a uno fuera de su mente tiene el potencial de problemas. Sin embargo, no parece haber ninguna preocupación con el uso de procedimientos médicos con anestésicos. Esta es una zona turbia, así que probablemente cuanto menos se diga mejor. No es necesario saber cómo tuvo lugar la invasión demoníaca, sino más bien cómo saber si están presentes y, en caso afirmativo, cómo echarlas.

Un punto para destacar aquí es que los demonios entretendrán, ayudarán, complacerán, consolarán y de otra manera parecen beneficiar a aquellos en quienes moran. Un demonio se convertirá en una especie de mejor amigo con su anfitrión. La intención final de un demonio es destruir la creación de Dios y separar la persona que mora de Dios para siempre. El demonio usará todos los medios necesarios para lograr ese objetivo. El suicidio es la solución final; es decir, el demonio tiene como objetivo llevar a una persona al suicidio. Esto no significa que cada suicidio esté inspirado demoníacamente, no, en absoluto. Sin embargo, una vez muerto, el destino eterno de una persona se fija para siempre.

Vea un expansión de la discusión de cómo la gente es habitada por demonios en el capítulo 9 de esta nueva edición. Algunas cosas serán repetidas y nuevo material añadido.

¿CONFIAMOS EN NUESTRA PROPIA FUERZA,
NUESTRO ESFUERZO SERÍA PERDER;
SI NO FUERA EL HOMBRE ADECUADO DE NUESTRO
LADO,
LA ELECCIÓN DEL HOMBRE DE DIOS.
¿PREGUNTAS QUIÉN PUEDE SER?
CRISTO JESÚS, ES ÉL—
SEÑOR SÁBADO ES SU NOMBRE,
DESDE LA EDAD HASTA LA EDAD DE LA MISMA
MANERA,
Y DEBE GANAR LA BATALLA.

MARTÍN LUTERO
"UNA FORTALEZA PODEROSA ES NUESTRO DIOS"
VERSÍCULO 2

CAPÍTULO 6

¿PUEDEN LOS CRISTIANOS TENER DEMONIOS?

Aquí no hay un consenso claro sobre este tema entre los cristianos creyentes de la Biblia. Se está de acuerdo en que los cristianos pueden ser influenciados por demonios, como en la opresión o el engaño, pero con respecto a la demonización o posesión, a veces hay un fuerte desacuerdo.

He tenido ambos posiciones, y aun cuando corrientemente mantengo que los cristianos pueden ser habitados por demonios, no me queda claro cómo puede suceder esto. Mi teología es que en Cristo somos una nueva creación; el viejo ha fallecido y lo nuevo ha llegado. Además, somos santificados en Cristo, nuestro pecado está cubierto y perdonado, somos habitados por el Espíritu Santo, colocados en el cuerpo de Cristo, e incluso sentados con Cristo a la diestra del Padre en los cielos. ¿Cómo puede un demonio permanecer en un cristiano, incluso si había uno presente antes de la conversión?

Si usamos la analogía común de un vaso lleno de líquido que no tiene espacio para aceptar un nuevo líquido, sugerimos que estar llenos del Espíritu Santo nos hace incapaces de llenarse simultáneamente de un espíritu inmundo. Por supuesto, esto es lógica humana y puede que no se aplique al tema que tenemos ante nosotros.

¿APOYO BIBLICÓ?

Los sistemas lógicos de la teología tienden a mantener una posición contra un cristiano que tiene un espíritu inmundo que more. Sin embargo, ¿hay algún apoyo bíblico para esto? Un pasaje que puede hablar de la cuestión es Hechos 5:1–3:

> Pero cierto hombre llamado Ananías, con Safira su mujer, vendió una heredad, y sustrajo del precio, sabiéndolo también su mujer; y trayendo sólo una parte, la puso a los pies de los apóstoles. Y dijo Pedro: "Ananías, ¿por qué llenó Satanás tu corazón para que mintieses al Espíritu Santo, y sustrajeses del precio de la heredad?"

Satanás llenó el corazón de Ananías. ¿Significa esto que un demonio lo había estado morando todo el tiempo? ¿Hay pruebas positivas de que Ananías definitivamente nació de nuevo del Espíritu de Dios? ¿Fue Ananías demonizado o simplemente engañado sin la presencia de un espíritu inmundo que moraba? Estas preguntas nublan el problema hasta el punto de que no se puede decir de una manera u otra si Ananías tenía un demonio morado o no.

MI EXPERIENCIA

Mi experiencia, por lo que sea que valga la pena, es que por lo general sólo los cristianos querrán pasar por el proceso de que los demonios sean echados. Es muy raro que un pagano se someta a esto; sufrirán tormento por demonios, a menudo sabiendo que la fuente del tormento es demonios, sin embargo, ellos serán reacios a perder algún beneficio percibido de los demonios y a menudo finalmente optarán por no sufrir la pérdida, por extraño que parezca. Esto no es una ocurrencia inusual.

Los cristianos que han buscado la liberación habrá, en

algún momento, dado cuenta de que hay algo malo en sus vidas, y a pesar de aplicar las disciplinas de la vida cristiana normal, todavía hay una resistencia, una barrera que no es ni emocional en la naturaleza ni una forma de rebeldía, estos son los que buscan ayuda. Si el ministerio de liberación está disponible, es bastante rápido y sencillo ver si un demonio que está realmente presente. Si lo hay, entonces eso se puede tratar. Si no lo hay, entonces se requieren otras formas de ministerio y cuidado.

¿ES UN PUNTO DISCUTIBLE?

¿Qué tan seguros estamos de que una persona realmente ha nacido de nuevo? Cuando miro hacia atrás en los años en que había una gran demanda por expulsión de demonios y recuerdo casos individuales, a veces me pregunto si estaba tratando con una persona que era cristiana o una que simplemente estaba "cristianizada". No tengo respuesta, pero mi experiencia a lo largo de los años me ha enseñado que no todos los que dicen: "Señor, Señor" son verdaderamente un creyentes nacido de nuevo.

Mi punto es no permitir que ninguna teología dogmática que no tenga una orden bíblica clara determine si extiendo el ministerio a alguien que viene en busca de ayuda, especialmente en un área con tanta incertidumbre. No rechazaré a nadie que busque a Jesús por la libertad y la paz.

Y aunque este mundo llenos de demonios,
Debería amenazar con deshacernos,
No temeremos, porque Dios ha anhelado
Su verdad triunfará a través de nosotros.
El príncipe de las tinieblas sombrío,
No temblamos por él—
su rabia podemos soportar,
Para he aquí, su perdición es segura:
Una pequeña palabra le caerá.

Martín Lutero,
"Una fortaleza poderosa es nuestro Dios"
Versículo 3

CAPÍTULO 7

CÓMO ECHAR DEMONIOS

ifícilmente uno puede culpar a la persona que considera que todo este asunto de Satanás y demonios son ridículo y juzga a los defensores del ministerio de liberación como equivocados o arrogantes. No ha sido una decisión fácil llamar una vez más la atención sobre este reino de lo sobrenatural y la necesidad de que los cristianos tomen en serio esta obra. Si no fuera por el hecho de que Jesús expulsó demonios, los apóstoles echaron demonios, Felipe y Pablo y el discípulo desconocido y otros a través de los siglos echaron demonios, y cristianos como yo echamos demonios en los tiempos modernos, sería tentador ignorar todo. Mi preocupación de impulso es por aquellos que están encadenados por espíritus demoníacos y por aquellos que intentarían llevar la liberación a los atormentados por espíritus inmundos.

PRECAUCIONES

No es una buena práctica buscar a personas que se podrían pensar que tienen un demonio y se ofrecen a echarlo. Jesús no hizo esto; por lo general, la persona demonizada era llevada a Jesús, o Jesús se encontró con una persona demonizada en sus viajes. Es mejor que una persona entienda que está viniendo a Jesús para su ministerio sanador. Al principio no sabía que este era el protocolo adecuado, y en una o dos ocasiones pagué el precio por mi ignorancia. El servicio de echar demonios no debe ser anunciado o promovido; Dios traerá a quien aquel que esté listo y preparado para hacer este ministerio.

También deben observarse ciertas medidas apropiadas. No es prudente que una persona haga el trabajo de echar demonios sin compañía. Lo he hecho, pero sólo por necesidad. Se prefiere a dos cristianos. Si una mujer es la receptora del ministerio, es absolutamente necesario que una mujer ministra esté presente.

No recomiendo que el ministerio de liberación se lleve a cabo con menores, incluso con el consentimiento de los padres o incluso con la presencia de los padres. En las décadas de 1960 y 1970 no pensé en este tema, pero ahora es muy diferente. Sí, los niños pueden demonizarse, especialmente por medio de eventos traumáticos; es mejor educar a los padres sobre cómo hacer el trabajo. Pero incluso aquí los padres corren el riesgo de abuso infantil. Desearía tener algo más útil que decir sobre este tema en particular, pero no lo tengo.

JESUS CON NOSOTROS

¿Es posible traer a alguien a Jesús en nuestros días? Parece que sí. Cuando dos o más de nosotros nos reunimos para algo que tiene que ver con la oración, la alabanza, la adoración, la predicación, la comunión o incluso la disciplina en la iglesia, que es el contexto de la promesa de Jesús Mateo 18:20, entonces Jesús está presente. Esta es su propia promesa.

Cuando nos reunimos para llevar el ministerio cristiano a alguien que ha solicitado esto, entonces tenemos la confianza de que Jesús está con nosotros. No se requiere que los sujetos del ministerio visualicen a Jesús o lo imaginen estando presente en su mente. No, este no es un juego mental; es confiar en nuestro

Señor Jesucristo para hacer el trabajo al que nos ha llamado.

UN VERSO CLAVE

SOMETEOS, PUES, A DIOS; RESISTID AL DIABLO, Y HUIRÁ DE VOSOTROS.
(SANTIAGO 4:7)

Este versículo es el corazón del ministerio de echar demonios. "Someter" debe incluir la confianza en Dios en lugar de cualquier otra persona o cualquier otra cosa. Someterse, confiar en, reposar sobre, comprometerse al, todos tienen que ver con una relación con Dios que echa demonios, que solo tiene el poder y la autoridad para mandar a los demonios a obedecer. "Resistir" es una postura decidida contra la cooperación con los demoníacos, negándose a escuchar a la voz engañosa, siendo resoluto en el deseo de estar fuera bajo de los dictados del maligno. Después de la advertencia de someterse y resistirse es la promesa de que el diablo huirá. El demonio huye de la presencia del Santo de Israel, el Señor Jesucristo.

¿COMO SABEMOS SI ALGUIEN TIENE UN DEMONIO O NO?

En la mayoría de los casos, no será conocido por alguien que no sea la persona habitada, que sepa definitivamente que tenga un demonio. Más a menudo, es sólo la persona habitada que sabe de la presencia de un demonio, o esa persona puede preguntarse si o sospechar que un demonio está presente. El don carismático de "discernimiento de espíritus" de 1 Corintios 12:10 puede ser raro, y durante los años en que pensé que tenía este don, con frecuencia me equivoqué.

No es necesario saber si alguien tiene un demonio. Comúnmente, oramos con una persona y simplemente comenzamos a echar a cualquier demonio que *pueda* estar morando en una persona. Esto puede tomar algún tiempo, porque puede no haber respuesta durante algún período. Pero si un demonio está presente, comenzará a mostrarse. Esta demostración de sí misma no se describe fácilmente. Generalmente, un demonio se hará cargo de la persona, hasta cierto punto, y comenzará a contorsionar la cara de la persona y hablar a través de la persona, utilizando las cuerdas vocales de la persona. Es algo fácil de observar y por lo general bastante evidente.

Un demonio puede no aparecer de manera oportuna. En una ocasión, un ministro socio mío y yo oramos durante casi dos meses, una vez por semana durante una o dos horas por sesión, y decidimos que no había ningún demonio presente en absoluto. Los padres que nos habían traído a la joven (el padre era pastor de una iglesia y estaba seguro de que algo le había pasado a su hija) estaban convencidos de que debíamos continuar, a pesar de que ningún demonio parecía estar involucrado. Finalmente, sin embargo, se tomó la decisión de poner fin al ministerio después de un último esfuerzo. Una vez más, después de un largo período de oración, llegamos a la conclusión de que no era necesario ningún ministerio de liberación. El padre de la joven celebró entonces la comunión con nosotros, y cuando su hija estaba a punto de beber de la Copa del Señor, se cayó en un aparente desmayo. Mi amiga y yo nos arrodillamos a su lado, y en pocos minutos, varios demonios fueron echados de ella. Y esto fue después de muchas largas horas previas de ordenar a los demonios que salgan en el nombre de Jesús.

Algunos demonios se manifiestan rápidamente, y otros no. Esta es una de las razones por las que nunca disfruté de este servicio, porque podría tomar muchas horas de obra real. Por lo general, sin embargo, cuando una persona se somete a Dios, confía en Jesús para echar demonios, y se resiste a Satanás, la obra irá bastante rápido.

LA REUNIÓN REAL

Lo mejor es encontrarse en un lugar donde cualquier gritos fuertes no traiga a la policía, lo que me ha sucedido. En esa ocasión simplemente expliqué lo que estaba pasando, y eso era suficiente para el oficial. Pero no confié en esto.

También es mejor reunirse con dos o más personas que tienen alguna experiencia con el echamiento de demonios. Si esto no es posible, entonces los creyentes mayores y más maduros serían el ideal. Recuerda, este no es un ministerio ritualizado. La gran parte es oración y mandamiento a los demonios salir.

Generalmente, si las circunstancias lo permiten, me gusta comenzar con un ensayo de la razón de la reunión. Esto deja las cosas claras y da a la persona a la que estamos ministrando la oportunidad de hacer preguntas. Entonces recuerdo a la gente la victoria de Jesús sobre el reino demoníaco, a menudo leyendo un versículo o dos, y luego voy a orar, pidiendo a nuestro Dios todopoderoso que se glorifique en este ministerio. Algunos de los versículos a los que me gusta referirme son Santiago 4:7; 1 Juan 3:8; Lucas 9:1–2; 1 Juan 4:4; Romanos 8:31–39; Efesios 6:12–18; y Colosenses 2:13–15, con muchos más como posibilidades.

En varias ocasiones ha sucedido que durante una oración inicial de repente he mirado hacia arriba para encontrar el sujeto del ministerio flotando sobre mí de una manera amenazante. ¡Muy desconcertante!

Después de una oración inicial y la orientación general, me dirijo al individuo y ordeno a un demonio que salga. Así como así, sin fanfarria ni nada más, empiezo a ordenar que salga un demonio.

Muy a menudo, este es un punto cuando un demonio se *manifiesta*. Está justo ahí en la persona, de modo que ahora estamos tratando con el demonio y no con la persona. El demonio usa el cuerpo de la persona, esto es lo que se entiende por "manifestarse". Podría usar las cuerdas vocales; contorsionar el cuerpo, especialmente la cara; podría maldecir, gritar, hacer que la persona entre en una especie de desmayo, tos, vómito; o, más comúnmente, comenzar a discutir con los ministros. El argumento puede centrarse en la capacidad de los ministros para echar al demonio, o que es mejor por una razón u otra que el demonio permanezca. Los demonios tienen una inteligencia muy sintonizada y son buenos en el debate. Sin embargo, no debería permitirse el debate. Me tomó algún tiempo entender esto.

Durante el curso del ministerio o el tiempo de oración y el mandato de un demonio para salir, es como si la persona hubiera sido sumergida, y ahora el demonio es prominente. Esto puede ser bastante aterrador al principio; y puede llegar a ser confuso en cuanto a quién se encuentra, el demonio o la persona. Al final de una sesión de liberación, durante una especie de interrogación, he descubierto que una persona recordaría poco o nada de los acontecimientos que tienen lugar durante la sesión. No estoy seguro de lo que esto significa.

Ha habido varias veces cuando he sido atacado por la persona bajo la influencia del demonio. Golpes en la cara, dedos alrededor de mi cuello, patadas y otros disgustos físicos, pero sin una marca o hematoma resultante. Y no toco a la persona a menos que tenga que hacerlo. Admito haberme comprometido, aunque no por mi elección, en combates de lucha libre. Esto definitivamente no se recomienda, y tales eventos son evidencia de que debe haber un reagrupamiento, con más oración y consejería que precedan a cualquier nuevo intento. Aquellos que han visto este tipo de agresiones físicas suelen estar sorprendidos, como suelo también yo. A pesar de todo, nunca he sido herido, aunque ha habido ocasiones en que la manifestación demoníaca me ha sacudido, haciendo que sea necesario recomponerme.

Una lección aprendida en este ministerio es que los demonios son débiles, a pesar de los jadeando y resoplando. Inicialmente pueden rugir, gritar cosas horribles, incluso hacer movimientos horrendos, y luego salir con un gemido. Al principio, un demonio puede enfurecerse y gritar desafiante, mientras que al final, justo antes de que el demonio sea echado, suplica que no lo eche, y las últimas súplicas suenan como un niño pequeño pidiendo ayuda.

Una sesión de liberación puede ser larga; a menudo ha sido necesario asegurar a una persona que el trabajo continuará hasta que los demonios se hayan ido. Varias veces he pensado que este ministerio es obra de un joven, y nunca lo espero ahora en mis setenta años, ya que puede ser agotador. El problema es que los demonios a menudo se niegan a hacer lo que se les ordena hacer, y por qué no lo hacen, no lo entiendo. Puede ser que la persona no esté lista para que los demonios se vayan o no se haya sometido y resistido de acuerdo con Santiago 4:7. No es necesario entenderlo todo.

A menudo, cuando me canso, me detengo y empiezo a hablar sobre lo que el individuo está experimentando. La persona suele estar en considerables molestias, pero no siempre, y me ha parecido más productivo, si la incomodidad está presente. Puede haber una conversación con un demonio en la mente de la persona. Los demonios hacen algo por un individuo—realizan algo deseable. El demonio informará a la persona que las *mercancías* se detendrán una vez que sea echado. Ahora, esto puede parecer ridículo, pero es muy común. Es el intercambio Faustino, una entrega del alma por algo de valor, y el demonio juega en eso. O, el demonio puede estar amenazando con matar o de alguna manera hacer daño a otra persona, si es echado. O, el demonio amenaza con regresar una vez que los "cristianos" se van. Muchos, muchos son los dispositivos de los espíritus demoníacos, y cuando la sesión de liberación es larga y exhausto, por lo general hay una razón, tal vez una que acabo de mencionar.

En largas sesiones, canto himnos, leo las Escrituras, tengo un tiempo de confesar el pecado o entablo de conversación general. En las conversaciones, pueden surgir problemas importantes. Puede ser que la persona esté llevando ciertos objetos ocultos en su persona o los mantenga en casa, o que haya algo más que deba ser discutido y tratado. Un demonio le recordará a una persona todas las cosas horribles que ha hecho, y si la sesión continua, avergonzará a la persona por exhibiciones desagradables o una recitación de los pecados pasados de la persona. Podría seguir con esto, pero el punto es que un demonio hará cualquier cosa para permanecer en la persona. Uno recuerda a la legión de demonios que quería ser enviado a los cerdos. Recuerde que los demonios son mentirosos. Muchas veces me han dicho que se han ido. No es muy inteligente, por supuesto, ¡porque si se hubieran ido ya no estarían hablando! Los demonios a veces dan condiciones para su salida, por lo general condiciones imposibles, cualquier cosa para quedarse.

COMO SABER CUÁNDO EL MINISTERIO A UN INDIVIDUO DEBE SER CONCLUIDO

El trabajo de liberación continúa hasta que no más demonios se manifiestan. Esto puede tomar una serie de sesiones. Un demonio dominante puede irse primero o puede irse último. Puede ser complicado, y no es necesario saber desde el principio todos los entres y otros. Simplemente echamos a los demonios; no jugamos con ellos. Cuando está claro que se alcanza un punto final —o todos los demonios se han ido, o nos hemos cansado— entonces una oración final es buena, agradeciendo a Dios por su gracia y poder. Después de un tiempo, la persona aprenderá a echar sus demonios solo. Sé que suena extraño, pero este ha sido mi experiencia.

¿LOS DEMONIOS SERAN ARROJADOS AL INFIERNO?

¿Adónde van los demonios una vez que son echados? No hay una respuesta bíblica sólida a esta pregunta. Jesús permitió que la legión de demonios entrara en cerdos, pero a partir de ahí, la Escritura no llena los espacios en blanco.

Es común que los ministros de liberación hagan declaraciones tales como: "Te ordeno que vayas al infierno" o "Te ordeno que no vuelvas aquí de nuevo", y así sucesivamente. No está claro si los ministros de liberación tienen esta orden. Suelo decir esas cosas, pero soy consciente de que cuando lo hago, no es del todo bíblico. Los demonios, según la historia que Jesús contó en Mateo 12:43-45, pueden volver a volver a ocupar un vacío. Por lo tanto, es esencial que una persona, una vez liberada de demonios, continúe practicando la amonestación de Santiago 4:7.

PROBANDO LOS ESPÍRITUS

Amados, no creáis a todo espíritu, sino probad los espíritus si son de Dios; porque muchos falsos profetas han salido por el mundo. En esto conoced el Espíritu de Dios: Todo espíritu que confiesa que Jesucristo ha venido en carne, es de Dios; y todo espíritu que no confiesa que Jesucristo ha venido en carne, no es de Dios; y éste es el espíritu del anticristo, el cual vosotros habéis oído que viene, y que ahora ya está en el mundo. (1 Juan 4:1–3)

En sus cartas y evangelio, Juan no se ocupaba directamente del echamiento de demonios. Ha sido un enigma por qué omitió todos los incidentes de Jesús expulsando demonios, a diferencia de los escritores de los evangelios sinópticos. Ese es otro estudio, e incluso en este pasaje es cuestionable si los *espíritus* son demonios o personas que están negando la encarnación, como lo hicieron la mayoría de los gnósticos durante esa época. Tal vez Juan tenía en mente que aquellos que negaban que Dios se había hecho carne estaban inspirados por demonios. Plantes esta cuestión para evitar un tipo de confusión que sufrí en los primeros días de mi ministerio de liberación. Se explica mejor citando Santiago 2:19: "Tú crees que Dios es uno; bien haces. También los demonios creen, y tiemblan".

Los demonios saben quién es Jesús, saben que es el Santo de Israel y que ha venido a destruirlos (véanse Marcos 1:21–27 y Mateo 8:28–34). Los demonios tienen una teología bastante sólida; sí saben quién es Dios, y se estremecen. Incluso son capaces de decir, "Jesús es Señor", "Creo en Jesús", "Creo que Jesús vino en la carne", "Quiero ser salvo", "Seguiré a Jesús", y así sucesivamente. ¿Suena extraño? Podría ser, excepto que sabemos que Satanás es un mentiroso y un engañador. Una cosa es decir algo y otra vivirlo. Todas creencias no son iguales. La fe bíblica es dada por Dios y es mucho más que cualquier cosa que los seres humanos puedan venir a sí mismos. Los demonios no pueden tener fe de salvación en Jesús; no pueden ser salvos, convertidos o perdonados. Los espíritus inmundos y Satanás, su líder, están bajo el juicio y la condenación de Dios. No hay arrepentimiento para esto: ni perdón, ni segunda oportunidad. Digo esto, porque he conocido a personas que pensaban lo contrario y en realidad dirigían gran parte de su supuesto ministerio evangelístico hacia los demonios. Esto siempre terminaba mal.

EXPULSIÓN SOLITARIA DE LOS DEMONIOS

Debido a la necesidad, a una persona se le puede enseñar a echar demonios sin que nadie más esté presente. Ha habido varias veces cuando la gente ha llamado desde fuera del estado o incluso desde otros países, y no había nada más que hacer que dar una breve enseñanza sobre la liberación y sugerir que la persona echara a los demonios solo. Además, he intentado hacer esto por teléfono. Los resultados no son verificables, pero la gente me ha informado de que los demonios se fueron.

MANTENER LA CONFIDENCIA

Este ministerio debe llevarse a cabo con la confianza de que no se hablará con los demás. Aquí es a menudo un problema. Debido a la naturaleza sorprendente e increíble de esta obra, se habla, a menudo se jacta, y es por eso por lo que sólo los cristianos mayores y maduros deben estar involucrados. Me niego a llevar a cabo este ministerio cuando otros quieren participar en una sesión de liberación por no mucho más que curiosidad. Esto no debe suceder.

¿PELIGRO?

Se cree que puede haber peligro en echar demonios, especialmente el temor de que aquellos que echan a los demonios puedan ser habitados o invadidos por los mismos demonios que están siendo echados. No he visto esto, ni he oído hablar de tal acontecimiento de otros que se involucran en este ministerio. No es que no pueda suceder si un tipo oculto de exorcismo en lugar de echarse bíblico de demonios está involucrado. Sin embargo, este trabajo no debe realizarse a la ligera, sino que se debe tomar muy en serio. Nunca debe llegar a ser tan común que no se reconozca que es Satanás quien está siendo comprometido y que es un león rugiendo acerca de buscar a alguien a quien devorar. Aquellos que son meramente curiosos no deben hacer el trabajo, ni una sesión nunca debe ser grabada de ninguna manera, ya sea por vídeo o grabación de audio.

¿PUEDE UN DEMONIO VOLVER?

Jesús contó una historia directamente relacionada con la cuestión de si un demonio puede volver a demonizar a una persona de la que ha sido echada.

> "Cuando el espíritu inmundo sale del hombre, anda por lugares secos, buscando reposo, y no lo halla. Entonces dice: Volveré a mi casa de donde salí; y cuando llega, la halla desocupada, barrida y adornada. Entonces va, y toma consigo otros siete espíritus peores que él, y entrados, moran allí; y el postrer estado de aquel hombre viene a ser peor que el primero. Así también acontecerá a esta mala generación" (Mateo 12:43–45).

El pasaje paralelo de Lucas 11:24–26 carece de la última frase en Mateo: "Así también acontecerá a esta mala generación". Hay una gran historia de interpretación involucrada aquí, con muchos comentaristas en el lado conservador aceptando el hecho de cómo operan los demonios, esencialmente que pueden regresar. Cabe señalar que el contexto en el pasaje de Mateo tiene algo que ver con los puntos de vista religiosos de los escribas y fariseos, que sólo podrían dar lugar a que un seguidor religiosamente observador de su enseñanza sea limpiado, pero no lleno del Espíritu Santo de Dios. Sería contraproducente, incluso peligroso, que una persona que no es habitada o que no llegaría a ser habitada por el Espíritu Santo a través de la conversión, que los demonios fueran echados. Sin el Espíritu Santo que mora no habría defensa contra una re-demonización. Este es un aspecto del argumento de que tener la morada del Espíritu Santo es una defensa perfecta contra ser invadido por demonios o espíritus inmundos. Esto encaja perfectamente con mi propia experiencia.

ALGO DE TENER EN CUENTA

Recordamos que Jesús le dijo a los setenta y dos que no debían emocionarse de que los demonios estuvieran sujetos a ellos, sino que sólo se alegraron de que sus nombres estuvieran escritos en el cielo. Esta debe ser la mentalidad de aquellos que hacen el trabajo de echar a los demonios.

Aquellos de nosotros que hemos participado en el ministerio de echar demonios nos avergonzaremos de los extremos a los que algunos toman este ministerio normativo. Se ha convertido en el centro de algunos grupos, a menudo enseñando y predicando al respecto, excluyendo los ministerios centrales, especialmente el anuncio del Evangelio. Echar fuera demonios debe ser sólo una parte del ministerio de una iglesia, y no debe haber ningún intento de publicitarla. Escrituralmente, sanar y echar demonios fueron señales que apuntaban a Jesús y al Reino de Dios.

CAPÍTULO 8

OYENDO VOCES

D espués de leer el libro de Gail A. Hornstein *Agnes's Jacket: a Psychologist's Search for the Meaning of Madness* (*Chaqueta de Agnes: una búsqueda de un psicólogo para el significado de la locura* (publicado por Rodale en 2007), me pareció apropiado añadir este capítulo a la nueva edición.

Hornstein aboga por una nueva forma de mirar y tratar a aquellos entre nosotros que sufren de enfermedades mentales. El paradigma de la "alteración bioquímica" no ha sido del todo eficaz en el tratamiento de enfermedades como la esquizofrenia, la depresión clínica, el bipolar y los trastornos de la personalidad, y gran parte de la evidencia de esto proviene de aquellos que habían recibido un diagnóstico psiquiátrico y tratados con medicamentos de una forma u otra. Gran parte de mi propia educación fue en psicología, y durante diez años, como pastor de una iglesia evangélica en San Rafael, California, practiqué extraoficialmente como terapeuta. Al mismo tiempo, me dediqué a echar demonios de muchos cientos de personas que, por su propia voluntad, vinieron en busca de ayuda y ministerio.

Aunque no comparto la posición de la Dra. Hornstein (ella no está escribiendo como terapeuta cristiano o teólogo), me encontré de acuerdo con algunos de sus posiciones. Muchos de los que habían sido institucionalizados, a veces durante años, encontraron alivio a través de nada más de lo que puede ser referido como "terapia de conversación" y participar en grupos de apoyo con aquellos de experiencia similar.

OYENDO VOCES

Lo que me llamó la atención más que algunas de las otras valiosas ideas que encontré en el libro, fue el gran número de personas que salen con la admisión de que oyen voces, unos que no provienen de personas reales a su alrededor, sino que se encuentran en algún lugar interno del oyente. La Dra. Hornstein describió el desarrollo y crecimiento de red de voces auditivas que, en el momento de su escritura, estaba operativa principalmente en Inglaterra y Europa. Muchos de los que participan en esta red no han sido institucionalizados ni prescritos drogas psicotrópicas.

No pude evitar recordar a todas las personas por las que habíamos orado para que echaran demonios que también oían voces rutinariamente. No era raro descubrir que mientras orábamos para que Jesús echara fuera demonios, el sujeto estaba en conversación con voces dentro. Y no sabíamos, y no lo sabemos hasta el día de hoy, si las voces en todos los casos eran demonios reales o no, pero muy a menudo se hizo evidente que tal era el caso.

Jesús habló con las voces provenientes de personas demonizadas. Marcos 1:34 es representativo de esto: "Y sanó a muchos que estaban enfermos de diversas enfermedades, y echó fuera muchos demonios; y no dejaba hablar a los demonios, porque le conocían".

Seamos claros: no estoy diciendo que la enfermedad mental sea causada por espíritus malignos; sin embargo, creo que en algunos casos hay un elemento demoníaco involucrado. Y esto porque después de tales "voces" fueron echadas, las voces desaparecieron y no regresaron, incluso cuando el sujeto pasó por períodos estresantes.

EL INTERCAMBIO

Docenas de veces, cuando ningún demonio "se manifestó" durante nuestras sesiones de liberación, detenía el proceso y preguntaba al sujeto lo que estaba sucediendo o lo que estaban experimentando. Y entonces oía el informe de lo que decían las voces. Típicamente, iba en estas líneas: "Si me voy, te sentirás solo". "No te daré lo que quieres, si me voy". "Voy a entrar en su esposa, marido, hijo, madre, amigo, y así sucesivamente, si me voy". "Usted sufrirá mucho, e incluso podría morir, si me voy". "Usted se suicidará, si me voy". Y esta contabilidad está abreviada. El efecto fue que habría una pérdida significativa para el sujeto, si los demonio se fueran. En unas ocasiones, el sujeto llamó a detener la liberación y prefirió tener lo que el demonio dio y / o evitar consecuencias terribles si se iba. Permítanme dar un ejemplo que sucedió hace poco.

Un atlético y guapo joven en sus treintas vivía en un complejo de apartamentos caros cerca de un popular mercado de comestibles. Una "persona" con la que hablaba regularmente en su cabeza le alertaba para cruzar la calle hacia el mercado, con lo que encontraría a una joven en la tienda vagando por los pasillos. Entonces fue capaz de introducirse y llevarla al otro lado de la calle a su apartamento y tener sexo con ella. Esto había estado sucediendo durante años, y con el tiempo la voz comenzó a ser cada vez más exigente, le gritaba y le gritaba hasta el punto de que fue dificultoso funcionar en su trabajo de firma tecnológica de Silicon Valley. De alguna manera se enteró de mí, llamó y me preguntó si tal vez podría ayudarlo.

Nos encontramos un sábado por la tarde en mi oficina. Hablamos durante algún período, tal vez una hora o más, mientras hablaba de lo que le había estado sucediendo. Actué como terapeuta, y discutimos su educación y eventos traumáticos que había experimentado en su vida. Finalmente nos fuimos serios, y comencé a orar y pedirle a Jesús que echara fuera cualquier demonio que el sujeto pudiera tener.

Se quedó quieto durante un largo período de tiempo mirando como si estuviera profundamente en el pensamiento. No había ninguna actividad demoníaca habitual, ninguna batalla espiritual obvia en curso. Después de un tiempo dejé de orar y mandé a los demonios que salieran y le pregunté qué estaba pasando.

De una manera muy franca, simplemente dijo que la voz le decía que no llevaría más mujeres a su lugar para tener relaciones sexuales si la voz lo dejaba. Con calma me dijo que preferiría mantener la voz, si la voz le conseguía las mujeres jóvenes. Salió de mi oficina, y no he sabido nada de él desde entonces.

Suena muy parecido a la proverbial compensación de Fausto: dame tu alma y te daré___ (lo que sea que sea).) El precio es bastante alto, sin embargo, el infierno eterno. El placer momentáneo, aunque sea décadas de duración, es un mal pago por pasar la eternidad a merced de las voces.

Solo una historia más: un hombre de mediana edad que nunca se casó, no tenía familia, no tenía amigos reales y estuvo sin trabajo durante un largo período, vivía solo en un hotel residencial y rara vez interactuaba con otros. Se le veía manteniendo largas conversaciones con alguien a quien nadie podía ver. Cuando se le preguntó, y con amabilidad, sobre esto, informó que había tenido una relación continua con una voz durante mucho tiempo. Pasarían muchas horas juntos todos los días, y él ya no se sentía solo.

El sujeto conocía la naturaleza de la voz; sabía que era un espíritu maligno, ya que la voz le decía quién era en realidad. Sabía lo que estaba en camino y entendió que el espíritu maligno podía ser echado, pero el sujeto prefería la presencia del demonio, porque tenía tanto miedo de estar solo de nuevo.

Permítanme decir que las dos ilustraciones anteriores cubren muchas de las razones por las que la gente se niega a que los demonios sean echados. Lo más importante es la inmediatez de la comodidad, el placer o cualquier bien que esté involucrado.

La soledad ha sido durante mucho tiempo parte de la experiencia humana. Estar solo durante un largo período de tiempo puede desencadenar angustia emocional. Esto se ha observado cuando los prisioneros fueron sometidos a lo que comúnmente se conoce como confinamiento solitario. Se desgasta uno. Y si uno está escuchando voces, es una otra forma de comodidad.

Las siguientes son descripciones de la naturaleza o características de las voces extraídas de Gail A. Hornstein, la Chaqueta de Agnes:

- Las voces dan consejos, amenazan, juran o inspiran.
- Les dicen a las personas que hagan cosas que pueden o no querer hacer.
- Las voces pueden ser fuertes y articuladas o apenas audibles.
- Pueden ir acompañados de susurros, murmullos o zumbidos.
- Pueden incorporar ruidos extraños: tictac o chasqueo, trozos de melodía o el lejos de una concha marina sostenida hasta el oído.
- Las voces pueden ser masculinas, femeninas o una mezcla de ambas. No siempre es posible contar el género de las voces, incluso después de años de escucharlas.
- Las voces pueden sonar como si vinieran de niños pequeños, o pueden ser robóticas y mecanizadas.
- Las voces pueden sonar como alguien que la persona conoce ahora o en el pasado.

- Las voces pueden sonar totalmente desconocidas.
- Algunas personas oyen voces sólo en ciertos contextos. Para otros, son una presencia constante.
- Algunas voces hablan los pensamientos de la persona en voz alta, o dos o tres voces discuten o proporcionan un comentario corriendo sobre el comportamiento del oyente de voz.
- Algunas voces emiten mandamientos.
- Algunos hacen amenazas o repiten una palabra o frase determinada.
- Las voces obligan a la atención: escucharlas es una experiencia demasiado poderosa para ser ignorada.
- La mayoría de los oyentes de voz están confundidos o asustados, al menos al principio.
- Algunos están enojados por ser aislados.
- Otros se sienten especiales por haber sido elegidos para una experiencia tan mística y de otro mundo.
- Algunos se verán a sí mismos como un medio o clarividente.
- Algunos estarán convencidos de que están teniendo un colapso.
- Si las voces son imponentes o implacables, en última instancia puede resultar demasiado agotador para resistirlas.
- Algunos piensan que las voces son espíritus, de personas muertas, demonios, ángeles o Dios.
- Algunos piensan que las voces son comunicaciones telepáticas desde otra dimensión o desde el espacio exterior.
- Algunos agonizan de que hay algo mal con cómo funcionan sus cerebros.
- Muchos oyentes de voz dicen que sus voces aparecieron al principio de sus vidas.
- Algunos informan que escucharon por primera vez sus

voces después de un trauma (abuso sexual, duelo, enfermedad o divorcio parental, etc.).

- La mayoría de los oyentes de voz aprenden a lidiar con las voces, mientras que otros están abrumados.
- Los oyentes piensan que sus voces no son su propio pensamiento o una conversación consigo mismos.
- Las voces se experimentan provenientes de otras personas, de aves u otros animales, o de la televisión, la radio u otros objetos.
- Algunos oyentes de voz se sienten torturados por las voces, mientras que otros los acogen como inspiraciones o guías para una mejor vida.

Ahora bien, cuando las "voces" son demonios, pueden ser resistidas y echadas. Mi enfoque suele ser citar a Santiago 4:7: "Someteos, pues, a Dios; resistid al diablo, y huirá de vosotros". Una vez que el sujeto se resiste a las voces, incluso les ordena "callarse" y marcharse, la liberación continuará lo suficientemente bien.

Una vez más, no está claro u obligatorio que las voces sean siempre demonios. ¿Cómo se nota la diferencia? Desearía tener alguna idea sobre esto, pero no lo tengo. Las voces, si no son demonios, no pueden ser echadas. Las enfermedades emocionales y mentales no son echadas; sin embargo, se pueden tratar, y aquí es donde entran psicólogos como Gail Hornstein y programas como Hearing Voices Network.

Ese verbo por encima de todos los poderes
terrenales,
No gracias a ellos, permanece;
El Espíritu y los dones son nuestros,
A través de aquel que está a nuestro lado.
Dejemos ir a los bienes y a los parientes,
Esta vida mortal también—
El cuerpo que pueden matar;
La verdad de Dios permanece todavía:
Su reino es para siempre.

Martín Lutero
"Una fortaleza poderosa es nuestro Dios"
Versículo 4

CAPÍTULO 9

---◆◆◆---

CÓMO SER POSEÍDO POR DEMONIOS

E l capítulo cinco cubre los medios para llegar a ser poseído por demonios, y ese tema es quizás la razón principal por la que muchos lectores adquirirán este libro. Es un tema que sigue apareciendo y es francamente uno que preferiría evitar. A mediados de la década de 1970, fui coautor de un libro que trataba el tema, lo que resultó en una avalancha de personas que querían investigar el tema con más cuidado. Durante ese período, el ocultismo voló en gran medida bajo el radar, pero ahora ha surgido como corriente principal y atrae una gran atención en todas las formas de medios de comunicación, atrayendo a un número creciente de personas que honestamente quieren saber más. Por lo tanto, este capítulo cubre el tema más a fondo.

Prácticas neopaganas como **Wicca** han barrido todo el país, cuyos componentes clave son la magia, el espiritismo, la adivinación y más.

El chamanismo en muchas formas está creciendo en popularidad en el Occidente, con chamanes de múltiples culturas anunciando sus servicios en Internet. Aquí lo oculto es el centro del escenario y se anuncia en voz alta.

Santería, una de las religiones más grandes y de más

rápido crecimiento del mundo, depende totalmente de la teoría y la práctica ocultas, desde los hechizos y la adivinación hasta el contacto con los muertos.

¿Por qué es así? Una razón es que lo oculto es espiritual en su núcleo y proporciona una alternativa al materialismo humanista. Muchos materialistas se han trasladado a una orientación espiritual después del contacto directo con el mundo de los espíritus. Tal vez una razón aún más profunda para la popularidad de los grupos que son espiritistas es la búsqueda del poder. Dado que el poder es el foco principal de religiones como Wicca, Santería y varias otras formas de chamanismo, aquellos que se sienten impotentes están fuertemente tentados a las artes ocultas.

Pero hay un problema. El contacto y la participación con lo oculto es una ruta segura y rápida para ser poseído por demonios. ¿Espantoso? Para muchos que sucumben a la tentación, la sensación de que el poder los aloja es una meta preciada. Sin embargo, la naturaleza horrible y vil de ese poder dentro es una realización generalmente hecha demasiado tarde.

La palabra "poseído" es problemática, porque la mayoría de la gente piensa que una persona poseída actúa de una manera loca o extraña y está constantemente bajo el control de un espíritu demoníaco. ¡Si fuera así de simple! La mayoría de las personas poseídas rara vez se dan cuenta de su condición, y rara vez es vista o confirmada por familiares o amigos. El diablo prefiere acostarse bajo y sólo lentamente, poco a poco, causa estragos. La gente eventualmente puede averiguar lo que se ha apoderado de ellos, pero luego se quedan preguntándose qué en el mundo hacer. La mayoría de ellos sólo pueden suprimir y negar o correr y cubrir, ya que nadie en nuestra cultura quiere parecer un "caso mental". ¿Cuántos de ellos abusan de sustancias para mantener a raya a los demonios?

¿QUÉ "ABRE LA PUERTA" A LA POSESIÓN?

EL OCULTO

Hay tres divisiones principales en el mundo oculto: adivinación o adivinación de fortuna, espiritismo y magia.

ADIVINACIÓN DE LA FORTUNA: Esto es todo, desde la Tabla de Ouija hasta el lector de palmas, pero incluye lecturas psíquicas, el I Ching, lectura de hojas de té, astrología, lectura de cartas de tarot, y muchas más prácticas.

ESPIRITISMO: El foco aquí es la sesión, que puede tomar cualquier número de formas, pero es el intento de contactar a los espíritus o almas de los muertos. Es conocido desde tiempos antiguos, se menciona en la Biblia, y sigue siendo popular, ya que los espíritus reales son contactados.

MAGIA: Esto es hechicería, brujería y hechizos y maldiciones, y es la manipulación de espíritus, dioses y diosas para hacer la oferta de uno a través de la realización de ritos y rituales. El mundo de la magia es complicado, pero mucho más común de lo que la mayoría reconoce. Ya sea blanco, neutral o negro, la magia sigue siendo mágica. Algunos de los involucrados racionalizan que sólo se invierten en buena magia o magia natural, pero no en las malas variedades. Sin embargo, el diablo no presta atención a tales distinciones. La magia es magia, y la magia está dentro del reino del diablo.

PARTICIPACIÓN OCULTA

Con esto me refiero a ceder, creer, confiar, actuar o confiar en cualquier forma de ocultismo, que es más que un contacto casual. ¿Cuánto es suficiente para llegar a ser poseído por demonios? Quién sabe, pero el diablo nunca juega limpio.

Después de décadas de tratar con personas que se han atraído y finalmente han llegado a ser poseídas por demonios, he descubierto que cuando las personas se entregan a lo oculto, en cualquier forma que pueda tomar, se exponen a la posibilidad de ser poseídos por espíritus malignos o inmundos, todos los cuales son gobernados por Satanás. Satanás no es un huésped agradable.

BÚSQUEDA DE PODER Y CONOCIMIENTO

Estos son los motivos centrales que traen a la gente al mundo oculto. No se puede negar el acceso al poder y al conocimiento. Sin embargo, la compensación de Fausto es operable; el diablo dará regalos para lograr un gran dominio sobre la vida de una persona.

Satanás es un donante de dones y es especialmente bueno, por un período de tiempo, en proporcionar poder, sexo, dinero y otros bienes que los seres humanos deseamos. Da para obtener, y este principio no debe ser subestimado. Su ayuda viene con las cuerdas atadas, y por lo general hace retroceder las delicias y las reemplaza con tormentos, tarde o temprano.

EVENTOS TRAUMÁTICOS

A continuación, se muestra una breve lista de eventos traumáticos que pueden abrir a una persona a ser invadida por espíritus demoníacos. Cómo funciona esto no lo sé, pero que lo hace he sido dolorosamente consciente.

UNA EXPERIENCIA CERCANA A LA MUERTE es la principal de los traumas que el diablo utiliza para capturar presas incautos y vulnerables. Personas de todas las edades han hablado de experiencias en las que regresaron del borde de la muerte o incluso después de que se produjo la muerte biológica real. Describen ser conscientes, ser testigos de una amplia variedad de eventos, e incluso conversar con la gente. Algunas de estas "experiencias recordadas" dan como resultado libros o películas superventas. Es prácticamente imposible, sin embargo, comprobar los informes sobre lo que ocurre en el cerebro de alguien durante este proceso. Es probable que la compleja mezcla eléctrica y química que va a trabajar en el sistema nervioso central de alguien que está al borde de la muerte produce alucinaciones increíbles.

UNA EXPERIENCIA ATERRADORA, como estar en un accidente automovilístico, perderse en el bosque, ser abordado por extraños con la intención de grandes daños corporales, incluso ver actos espantosos y horribles, incluyendo el cine o la televisión a menudo produce un gran temor persistente que puede hacer a uno vulnerable.

EL ABUSO SEXUAL cuando se ha sabido que un niño no solo resulta en una angustia emocional significativa que puede durar muchos años, sino que también puede abrir a una persona a la demonización. Encontrar esta circunstancia en el ministerio de liberación no es una experiencia agradable, y la exploración de esta sólo debe tratarse con gran cautela y consejo de los profesionales.

UNA MUERTE EN LA FAMILIA puede desencadenar visitas no deseadas de entidades espirituales o producir sueños y visiones que son de naturaleza inusual. El diablo se aprovechará de la vulnerabilidad emocional en tiempos de dolor y angustia. Encontrar de repente el mundo de los espíritus cambia la vida a todos los que lo experimentan. Siguen surgiendo libros y películas sobre tales experiencias, tanto de editoriales y cineastas cristianos como seculares, y esto me hace bastante sospechoso. Las historias son casi siempre las mismas: los difuntos siempre comunican que están bien y han aterrizado en un buen lugar después de la muerte. Este es uno de los giros argumentales favoritos del diablo.

Vinculado a la discusión de las experiencias cercanas a la muerte arriba está lo que sucede en la vida de los recién afligidos. Reflexionando sobre mis más de cuatro décadas como pastor, durante las cuales conduje varios cientos de servicios conmemorativos y funerarios, recuerdo frecuentes episodios de actividad demoníaca que se desarrollaban en la vida de aquellos cuyos seres queridos habían muerto. Tal vez es una apariencia de los difuntos en un sueño o incluso mientras está completamente despierto. En un momento de pérdida nos desechan emocionalmente e imaginaremos cosas que de otra manera no consideraríamos, y esto no es necesariamente de naturaleza satánica. Dicho esto, es cierto que el diablo sabe muy bien que las personas afligidas son vulnerables al engaño.

INICIACIONES EN RELIGIONES

Como parte de la iniciación en algunas religiones, el iniciado puede ser requerido para hacer una invitación para ser habitado por un gurú muerto, alguna otra entidad espiritual como un dios o diosa, o incluso el propio diablo.

EL SATANISMO es una religión, y la introducción en ella es un invitación deliberada de Satanás a tomar el control de la vida, ya sea a través de una adoración centrada del diablo como dios o la confianza en un "espíritu" para la guía. Si alguien se siente atraído por la adoración del diablo, el tirón es poderoso y lujurioso, un señuelo casi irresistible del que pocos pueden escapar una vez que están atrapados.

Cuando los devotos de la MEDITACIÓN TRASCENDENTAL y la CONCIENCIA DE KRISHNA se someten a ceremonias de iniciación, invitan a sabiendas al espíritu de un gurú muerto a habitar sus mentes y cuerpos. Por supuesto, un demonio aparece en su lugar, pero el devoto no se da cuenta de que él o ella ha sido engañado. Los gurús del poder como Muktananda y Rajneesh tenían sus "espíritus" dentro de ellos, y como se hizo sumisión al gurú, en realidad fue una sumisión a los malos espíritus. Los gurús actuales continúan en un modo similar.

En el *asiento* o iniciación en SANTERÍA, el iniciado esencialmente "montado" o poseído por una deidad Orisha. Aquí la posesión es deliberada; el engaño es que, en lugar del dios o diosa esperado, lo que posee la cabeza del iniciado es un espíritu demoníaco.

¿Cuáles son los guías o espíritus animales que los WICCANOS

encuentran en sus viajes por el alma? Ciertamente son espíritus demoníacos disfrazados. Los elfos y las hadas son lindos; gnomos son curiosos; los ayudantes animales son intrigantes o majestuosos; diosas pueden estar vestidas de auras espectaculares; Zeus, Diana, Apolo, Moisés, Abraham, Elías, los ángeles Gabriel y Rafael pueden deslumbrar; y Juan el Bautista, Jesús, Pedro y Pablo pueden aparecer con mensajes y profecías especiales. Todos ellos son espíritus meramente familiares que son expertos disfrazados, incluso hasta el nivel molecular, pero no son más que demonios (véase 2 Corintios 11:14–15).

EL ESTADO DE TRANCE

El estado de trance (o el éxtasis, el estado pasivo de la mente, el estado alterado de la conciencia o el estado chamánico de la conciencia—todos esencialmente sinónimos) es el mecanismo a través del cual muchos son invadidos por espíritus demoníacos.

Los estados de trance se inducen de varias maneras. A veces las drogas y otras sustancias se utilizan para alcanzar el estado de trance, como es común entre los chamanes y en Santería. La música es a menudo el vehículo, con el ritmo del tambor y la danza que va con él, como se ve en la "carisma" entre los cristianos, donde una persona pierde la pista de la realidad y "cede" al espíritu (se supone que es el Espíritu Santo de Dios). Los libros sobre Wicca y el chamanismo pueden venir completos con capítulos sobre diversos medios para entrar en el estado de trance deseado a fin de iniciar el viaje del alma. Invariablemente implicarán respiración profunda, centrado, visualización, canto, despeje de la mente, borrar el pensamiento consciente de la mente, esperar a experimentar el otro mundo, escuchar la voz de un dios, diosa o guía espiritual, bailar y dar vueltas con los ojos cerrados y el corazón listo para recibir, lo que sea y quien esté ahí fuera. Y el diablo merodea por ahí por un momento y un lugar para abalanzarse. Mi experiencia previa y mis investigaciones recientes muestran que el estado de trance es el abridor de puertas más popular a ser poseído por espíritus demoníacos.

CÓMO SER DESPOSEÍDO DE DEMONIOS

Sólo Jesús tiene poder sobre los demonios; todo el reino satánico es plenamente consciente de esto y tiembla ante su nombre. Los exorcistas son magos que prometen alivio, pero tienen éxito en poco más que jugar a la actuación, las artimañas y el engaño.

La muerte de Jesús en la cruz, con su posterior resurrección, la ascensión al cielo y su posición a la diestro del Padre, ha asegurado su poder y autoridad sobre Satanás y sus ángeles caídos.

Considere dos pasajes:

Para esto apareció el Hijo de Dios, para deshacer las obras del diablo. (1 Juan 3:8b)

Así que, por cuanto los hijos participaron de carne y sangre, él también participó de lo mismo, para destruir por medio de la muerte al que tenía el imperio de la muerte, esto es, al diablo, y librar a todos los que por el temor de la muerte estaban durante toda la vida sujetos a servidumbre. (Hebreos 2:14–15)

Jesús echó demonios de la gente mientras estaba en el planeta hace dos mil años, y dio a sus discípulos autoridad para echar demonios también:

Habiendo reunido a sus doce discípulos, les dio poder y autoridad sobre todos los demonios, y para sanar enfermedades. Y los envió a predicar el reino de Dios, y a sanar a los enfermos. (Lucas 9:1–2)

Más tarde Jesús envió a otros setenta y dos para hacer lo mismo. (Vemos, entonces, que no sólo los Doce llamados "apóstoles" tenían autoridad para echar demonios.) A su regreso, los setenta y dos dieron el siguiente informe: "Señor, aun los demonios se nos sujetan en tu nombre" (Lucas 10:17).

Esta autoridad sobre los demoníacos continúa hasta el día de hoy. Un versículo bíblico clave a este respecto es Santiago 4:7: "Someteos, pues, a Dios; resistid al diablo, y huirá de vosotros".

La palabra inicial del verso, "Someteos", es el obstáculo más grande para muchos que buscan una manera de salir de la influencia del diablo. La posesión del demonio da poder, y el demonio luchará duro para no ser echado, por lo que una estratagema habitual es recordar a la persona poseída que el poder se perderá. Esa amenaza congela a aquellos que temen tal pérdida. El "somete" significa una sumisión al Dios y Padre de nuestro Señor Jesucristo, así como una resistencia decidida al diablo. Se produce una batalla espiritual, hasta que finalmente el demoníaco es rechazado, Cristo es abrazado, y los demonios huyen.

MAS SI POR EL DEDO DE DIOS ECHO
YO FUERA LOS DEMONIOS,
CIERTAMENTE EL REINO DE DIOS
HA LLEGADO A VOSOTROS.

—JESÚS, LUCAS 11:20

CAPÍTULO 10

CURA POSTOPERATORIA

"Cuando el espíritu inmundo sale del hombre, anda por lugares secos, buscando reposo; y no hallándolo, dice: Volveré a mi casa de donde salí. Y cuando llega, la halla barrida y adornada. Entonces va, y toma otros siete espíritus peores que él; y entrados, moran allí; y el postrer estado de aquel hombre viene a ser peor que el primero".

(Este es Jesús hablando en un pasaje de Lucas 11:24–26, y hay un pasaje paralelo en Mateo 12:43–45.)

E s muy probable que la mayoría de las personas de las que Jesús echó demonios no fueran sus seguidores; algunos pueden haberlo sido, pero no tenemos información directa sobre el tema. Sin embargo, con la presencia demoníaca desaparecida, ¿entonces qué? Estas mismas personas habrían sido vulnerables a una reposesión, si consideramos que Jesús tiene razón acerca del espíritu inquieto e inmundo, es decir, a menos que hayan nacido en nacido de arriba y habitados por el Espíritu Santo. Este parece ser un comentario legítimo sobre el pasaje anterior.

El espíritu inmundo sería echado, pero podría regresar, y las cosas serían peores que antes.

No supongamos que, si una persona tiene demonios echados, entonces él o ella se convertirá después automáticamente en un creyente y seguidor de Jesús. Tal vez sea suficiente que la agitación persistente disminuya, incluso por un período de tiempo limitado. He sido testigo de este escenario exacto varias veces. Tal vez lo mejor que uno puede hacer es presentar el mensaje de la cruz lo mejor que uno pueda, orar para que Dios traiga una verdadera conversión e invite a la persona a permanecer en contacto.

¿Qué más se puede hacer?

DISCIPULADO

La experiencia cristiana normal es comenzar a crecer en la semejanza de Jesús tras la conversión. Este proceso es diferente para la mayoría de nosotros, algunos crecen más o menos rápido que otros. Si una persona no tiene una iglesia hogareña, entonces se pueden hacer esfuerzos para encontrar una.

Durante la década de 1970, la avalancha de los que venían para la liberación de los demoníacos hizo prácticamente imposible pastorear adecuadamente a todas esas personas queridas. A veces lo mejor que podía hacer era proporcionar mi número de teléfono, y a veces ni siquiera tanto.

No es raro descubrir que aquellos que han experimentado la liberación de demonios se vuelven buenos ministrando a los demás en la forma en que recibieron misericordia y gracia. De hecho, he descubierto que las personas que han presenciado o experimentado personalmente el poder de Jesús para echar a los secuaces de Satanás hacen cristianos muy fuertes.

APOYO EN GRUPOS PEQUEÑOS

Idealmente, el ministerio de liberación tendrá lugar dentro de

una congregación eclesiástica, donde los ministerios normales, los servicios, la adoración y la comunión están presentes.

Tener demonios echados puede ser un choque al sistema,
caracterizado por la desorientación y la confusión. Recuerdo la
apertura de la proverbial Caja de Pandora, de la cual surgieron
algunas cosas muy feas. El ministerio de liberación realmente
necesita continuar, tal vez por muchos años. Hay mucho que
desentrañar; puede haber heridas profundas para ser sanados
y recuerdos de los cuales recuperarse.

Nunca he sido claro sobre la relación entre la enfermedad
mental y la influencia demoníaca. Que puedan estar sucediendo ambos a la vez no sería sorprendente. Si los demonios
son echados, pueden surgir otros problemas. No se debe esperar que después de la liberación una persona esté ahora completamente en su sano juicio. No, el ministerio de liberación en
toda su extensión puede apenas comenzar.

Es mejor que se desarrollen grupos pequeños donde las
personas puedan hablar de sus experiencias. Esto es lo que se
llama terapia de conversación, a menudo dirigido por las propias personas sin profesionales. No es un acontecimiento de
enseñanza o discipulado; es terapia de grupo espiritual.

Durante treinta años he operado un grupo de discusión
para recuperación y pérdida por divorcios, todo en Miller Avenue Church. Lo que hacemos es simplemente proporcionar un
lugar seguro para hablar sobre lo que sucedió. Muy a menudo
esto es todo lo que es necesario: hablar con otras personas con
una experiencia compartida.

PROTEGER EL ANONIMATO Y LA CONFIDEN-CIALIDAD

Parte de la fuerza de los grupos de Doce Pasos es su esfuerzo
por garantizar el anonimato y la confidencialidad. Pocos querrán que el público, y mucho menos amigos y familiares, sepa

lo que les ha pasado. He visto a los ministerios "mostrar" a la gente, desfilando como si fueran parte de un circo, a menudo para impulsar el ego de un ministro.

Hay un estigma unido a la posesión demoníaca, y nunca desaparecerá. Hay quienes no le importa quién sabe qué, sino para la mayoría, tenemos que proteger la dignidad de cada uno.

GRACIA Y MISERICORDIA

Somos amados por Dios que nos ha llamado, nos ha justificado y nos ha glorificado. Aunque no lo merecemos ahora o antes, somos miembros de la familia de Dios, y nuestros nombres han sido escritos—escritos *permanentemente*—en el Libro de la Vida del Cordero.

Y nunca nos damos por vencidos. Los padres no echan a sus hijos porque son ruidosos, apestosos, problemáticos, rebeldes, equivocados o locos a veces. Dios permanece con nosotros a pesar de todo y nos da un ejemplo para que la Iglesia, comprada con la sangre de Jesús, haga lo mismo.

Epílogo

N adie sabe realmente si un cristiano puede tener un demonio. De hecho, nadie sabe realmente con certeza si otra persona es, de hecho, cristiana. Cualquier pastor sabe que hay miembros de la congregación que han sido meramente cristianizado y no genuinamente convertidos. La Iglesia visible es una bolsa mixta, y no es segura, desde un punto de vista eterno, basar las conclusiones con pruebas leves. A lo largo de los años, mis puntos de vista teológicos han cambiado con respecto a los puntos marginales, y en asuntos en los que la Escritura no está del todo clara, un enfoque humilde puede ser el mejor. De suma importancia es que necesita que la persona que sufre sea liberada de influencias demoníacas.

Antes de emprender el echamiento, nunca está absolutamente claro si alguien que solicita este ministerio tiene realmente demonios; sin embargo, si una persona solicita tal ministerio, no hay razón suficiente para no intentarlo. En realidad, es bastante simple: si los demonios están allí, ojala se descubrirán y puedan ser tratados. Si no hay demonios presentes, eso es al menos una señal reconfortante, y se pueden explorar otras cuestiones.

El ministerio de echar demonios puede ser problemático.

Algunos cristianos se han vuelto algo arrogantes o irreverentes, pensando que eran algo bastante, que de alguna manera el poder sobre los demonios era suyo para ejercer y mandar. Otros se han vuelto impacientes con las luchas que pueden exhibir aquellos que buscan liberarse de los poderes demoníacos. No es poca cosa poner en práctica Santiago 4: 7, y esta conciencia y preparación es esencial para el ministerio de liberación. Aquí está de nuevo ese versículo: "Someteos, pues, a Dios; resistid al diablo y huirá de vosotros". La mayor parte del tiempo que pasa en el ministerio de liberación es ayudar a alguien a someterse a Dios y resistir a Satanás. No es raro que se requieran varias reuniones durante un lapso de semanas antes de que una persona con problemas llegue al punto en que comience a someterse a Dios y a resistir al diablo. El echamiento de los demonios es un trabajo de amor, definitivamente agotador y requiere mucho tiempo; no es para los débiles de corazón.

Nadie que haya conocido que haya experimentado el poder de Jesús echando demonios cuestionará la realidad de Dios y del diablo y sus secuaces. Que tal ministerio exista es un gran problema para el diablo, ya que su tapadera está completamente descubierta y muchas personas habrán borrado una gran cantidad de dudas sobre las cosas eternas.

Dicho esto, el ministerio de liberación no es un ejercicio voyerista. Hay cristianos, que no han llegado a una certeza segura y firme de su salvación, que querrán estar presentes cuando los demonios eran echados simplemente para proporcionar una medida de seguridad de que Jesús es real. Este ministerio no debería tener galería de espectadores.

Algunas personas, tanto cristianos como no cristianos, pensarán que cualquiera que haga ese trabajo debe estar chiflado, loco, demente, etc. No se puede negar que, desde un punto de vista mundano y secular, tales términos descriptivos podrían estar justificados. Sin embargo, a pesar de nuestra posible diversión al ganarnos tal reputación, no estamos jugando para el público en las gradas, sino para aquel que está en el cielo. Es una persona cordial que se atreve a comenzar la *obra*—sí, la *obra* dura—de echar demonios. Por otro lado, he conocido a algunos que se enorgullecieron de su supuesta habilidad para echar demonios y que proclamaron su poderosa unción de Dios para hacer tal ministerio. Por lo general, esto terminó mal, sin embargo, y menciono esto para que otros no piensen más de sí mismos de lo que deberían.

Una última cosa: en la iglesia Miller Avenue Baptist Church, donde soy pastor, tenemos como parte de nuestro servicio de adoración el domingo por la noche un tiempo para orar por los enfermos, basado en Santiago 5:13–15, y después de la conclusión del servicio, aquellos que solicitan el ministerio de echar demonios son invitados a un lugar separado y seguro para tal obra. Al menos dos o más permanecerán más tarde, a veces mucho más tarde, para tal obra. Nadie dijo nunca que el ministerio evangélico siempre sería ordenado y nítido, refrescante y digno, aplaudido y publicado.

www.ingramcontent.com/pod-product-compliance
Lightning Source LLC
LaVergne TN
LVHW041159080426

835511LV00006B/675